내 아이는 훌륭하다

내 아이는 훌륭하다

아이들의 능력과 내면세계를 이해하고
성장을 돕는 올바른 교육 방법

율리야 기펜레이테르 지음
신창호, 임나탈리야 평역

써네스트

목 차

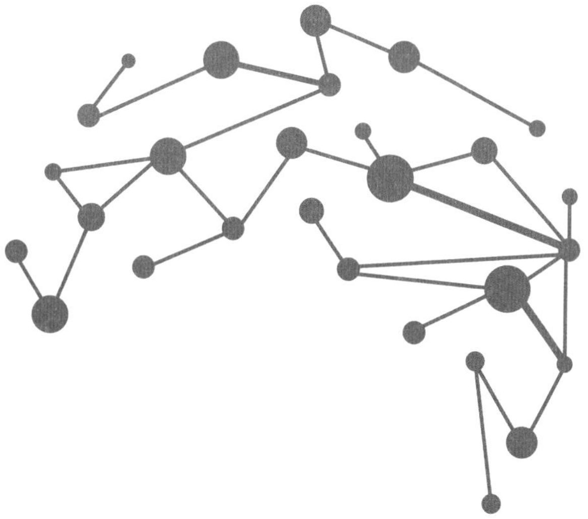

chapter 02. 아이들의 내면세계에 대한 이해

chapter 03. 아이들의 변화를 이끌어내는 '동기부여의 법칙'

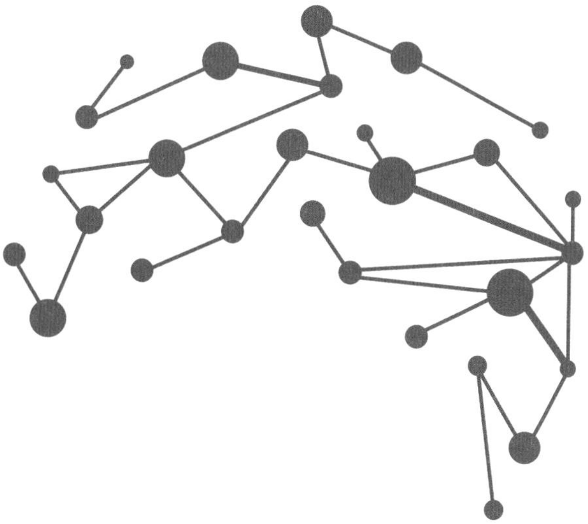

Chapter 04. 아이들을 이해하기 위한 ‘비밀들’

chapter 05. 아이들의 성장을 돕는 부모의 행동

프롤로그

아이와 함께 살아가기 위해 알아야 하는 사실들

오늘날 자녀를 두고 있는 많은 사람들은 자신의 자녀들이 인공지능(AI)이 대체할 수 없는 창조적인 인재로 성장하기를 바랄 것이다. 자녀들이 스스로 생각하고 능동적으로 행동해서 자신의 미래를 스스로 개척하는 창조적인 인재로 성장하기 위한 출발점을 나는 부모들이 자신의 아이를 올바르게 이해하는 것이라고 생각한다. 아이를 이해하는 과정에서 가장 중요한 부모의 역할은 스스로 변화를 선택하는 아이를 지켜보는 것이다. 창의성의 시대에 맞는 아이로 자라기를 바란다면, 그리고 열린 사고를 갖고 자신의 의지에 따라 살아가는 아이가 되길 원한다면 부모님들이 조급함을 버리고 관대함을 가질 필요가 있다.

교육학이나 동양의 고전들을 공부하고 연구하면서 그리고 학생들을 가르치고 아이들을 키우면서 갖게 되는 생각은 '정작 바뀌어야 할 대상은 학생들이나 아이들이 아니라 선생이나 부모였던 나 자신이 아닐까?' 라는 것이다. 부끄럽게도 학생들이나 아이들과 함께 머리를 맞대고 문제를 해결하기 위한 준비가 부족했던 것은 대부분 선생이었고 부모였던 나 자신이었다. 나는 교육의 본래 모습은 부모가 원하는 대로 아이를 가르치고 부모가 원하는 대로 아이를 이끌어가는 것이 아니라, 아이가 원하는 것이 무엇인지를 살피고 아이가 원하는 것을 선택할 수 있도록 하고 아이가 자신이 원하는 것을 이룰 수 있도록 조력하는 것이라고 생각한다. 이와 같은 생각을 다수의 부모님과 나누기 위해 모스크바 국립 대학교 기펜레이테르 교수님과 함께 이 책을 출간하게 되었다.

주인공인 '아이'는 사라지고 엄마의 육아경험과 비법으로 가득한 책

이번에 책의 출간을 준비하면서 나는 '엄마'가 주인공인 책보다는 '아이'가 주인공인 책이 되었으면 좋겠다는 생각을 가지고 있었다. 그래서 기펜레이테르 교수님께 나의 뜻을 전했고 흔쾌히 동의해 주었다. 내가 이런 생각을 갖게 된 이유는 우리 사회의 현재 상황과 무관하지 않다. 시중에 나와 있는 아동 교육과 육아에 관한 책들 중에서 조금 쉽게 접근할 수 있는 교양 도서의 상당 부분은 '일류대 자녀를 둔 00맘의 비결'이나 '00맘의 실전육아' 같은 엄마(또는 부모)의 '행동'이 아이의 삶과 미래를 바꿀 수 있다는 '주장', 또는 그 주장에 입각한 엄마(또는 부모)의 행동 수칙을 서술하는 책들이었다. 정작 필요하다고 생각하는 아이의 행동을 이해하는데 도움이 되는 내용을 포함한 책들은 아주 적은 수를 제외하고는 지나치게 딱딱하고 '학문적'인 느낌을 주는 학술도서가 대부분이었다.

'00맘'과 같은 책에 나와 있는 개인적인 육아의 경험을 폄훼하려는 의도는 없다. 다만 부모가 아이를 변화시킬 수 있다는 일종의 '신화'에 사로잡혀 정작 중요한 아이들의 성향이나 아이들의 생각을 이해하려는 노력을 소홀히 한다는 문제를 지적하려는 것이다. 아이들의 성장 과정에서 부모가 제공하는 환경이나 경험 등은 아주 중요한 요소이지만 그것이 전부는 아니다. 왜냐하면 우리 아이들은 이것을 주면 이렇게 되고 저것을 주면 저렇게 되는 기계나 인공지능(AI)이 아니기 때문이다. 아이에게 무엇을 해 줄 것인가를 고민하기 전에 내 생각과 아이의 생각에 어떤 차이가 있는지를 이해하는 것이 무엇보다 중요하다. 나는 이것을 '교학상장(教學相長)'이라고 말하고 싶다. 본래의 의미는 가르치고 배우는 것이 서로 도움이 된다는 뜻인데 아이와 부모의 관계가 이렇게 형성되어 부모들이 아이와의 입장차를 이해하고 존중하면 아이를 올바르게 이해하는 새로운 길을 발견하게 될 것이라 여겨진다.

'고고한 육아이론'과 '현실적인 방안' 사이에서

요즘은 어디를 가나 '유튜브의 시대'라는 말을 듣는다. 나 역시 전공이 교육학이다보니 궁금해서 이와 관련된 유튜브 방송을 찾아서 보는데, 가끔은 '유튜버'라 불리는 강연자와 그 강연을 보는 구독자들의 반응에 아주 놀라기도 한다. 이 세상에서 '내가 이해하기 어려운 내용'은 잘못된 것이며, '내가 제시하는 의견'은 전문가들과 동등한

무게를 갖거나 적어도 상식적인 선에서 언제나 타당하다는 생각을 갖고 있는 것으로 이해되기 때문이다. 예를 들어 아이가 책을 가까이 할 수 있는 공간에서 생활하는 것, 그리고 아이가 여행을 할 수 있는 기회를 제공받는 것 등은 누구에게나 권장하고 싶은 좋은 환경이다. 하지만 '독서로 끝내는 아이 교육' '여행만으로 충분한 자녀교육' 같은 것은 사실 육아와 교육을 지나치게 단순화한 결과물이라는 사실만큼은 기억했으면 좋겠다.

앞서 말한 바와 같이 육아와 교육을 담당하고 있는 부모님들의 경험을 담은 책을 출간하고, 이를 통해 경험과 지혜를 많은 사람들과 나누는 일은 의미 있는 일이다. 그러나 육아와 교육의 개인적인 경험은 아직 검증을 거치지 않은 개인적인 경험일 뿐이다. 그런 개인적인 경험을 보편화하고 이를 '사실'이나 '진실'인 것처럼 이야기하는 것은 바람직한 태도가 아니다. 한발 더 나아가 "현실에 맞지 않는 답답하고 고고한 '육아 이론'을 내세우지 않는 '현실적 방안', 그리고 모두가 공감하는 사이다발언"이라는 식으로 기존에 확립된 지식에 대한 무관심을 넘어 이를 연구하고 생산하는 사람들을 무시하고 조롱하거나 적대감을 표출하는 태도에는 상당한 문제가 있다. 전문가들만 옳고 전문가들만 교육이나 육아에 대한 말을 할 수 있다는 것이 아니다. 오랜 시간에 걸친 많은 학자들의 노력으로 만들어진 '지식'을 굳이 개인적인 '경험'이나 '의견'으로 대체하려는 것은 반지성적인 태도라는 것만큼은 반드시 지적해 두고 싶다. 조금 답답해 보일 수도 있고 현실적인 대안은 아닐 수 있지만, '대안적 사유'의 근거는 그곳에 있다고 확신하기 때문이다.

아이들의 운명을 결정하는 어른들의 사소한 행동

"행동이라는 씨앗을 심으면 습관을 수확하게 되고, 이 습관을 다시 심으면 성격을 수확할 수 있다. 그리고 다시 이 성격을 심었을 때 우리는 비로소 운명이라는 마지막 결실을 얻게 된다."라는 말이 있다. 나는 이 말이 진실이라고 믿으며, 이 진실은 아이들의 삶과 교육 모두에 깊이 관련되어 있다고 생각한다. 그렇다면 실제로 아이들의 운명이 어른들의 행동에 따라 달라질 수 있는 것일까? 나는 그렇다고 생각한다. 아이들의 운명을 결정하는 어른들의 행동에는 크고 작은 많은 것들이 있다. 구체적인 하나의 낱말일 수도 있으며, 어떤 요청이나 변덕에 대한 대답일 수도 있다. 아이들의 일에 참견하거나 무심하게 보는 행동일 수도 있고, 벌을 주거나 칭찬을 해주는 행동일 수도 있다. 뿐만 아니라, 어른들이 자신의 감정을 억제하는 것, 또는 아이들과 대화하는 것이나 갈등을 해결하는 것 등 수많은 행동들이 여기에 관련되어 있다.

하지만 부모라고 해서 어떻게 하는 것이 올바른 행동인지에 대해 한마디로 정리된 답변을 가지고 있는 것은 아니다. 동일한 하나의 상황에서 이렇게 행동하기도 하고 어떤 경우에는 정반대의 행동을 하기도 한다. 누구도 완벽한 진실, 또는 완벽한 해답 같은 '만병통치약'을 가지고 있지는 않다. 그러나 너무 걱정할 필요는 없다. 우리는 교육자들의 헌신적인 노력, 그리고 헌신적인 노력에 상응하는 성공에 대한 그들의 경험을 배울 수 있기 때문이다.

우리는 앞으로 어른들과 아이들의 대화와 행동, 그리고 그에 대한 긍정적인 반응들을 살펴볼 것이다. 단어나 억양 하나, '나' '너'라는 주어 등 때로는 너무 사소한 것이라는 생각이 들기도 할 것이다. 하지만 분명한 것은 아이들과의 소통 과정에 '사소한 것'은 없다는 사실이다. 부모의 잘못된 단어 하나, 신경질적인 억양 하나로 인해 아이는 영혼에 깊은 상처를 입을 수도 있다. 이런 상처들이 쌓여서 아이는 스스로를 신뢰하지 않게 되고 '혼자'라는 소외감을 느끼게 된다. 그리고 더 나아가 더 이상 부모와 함께 아무것도 하지 않으려고 한다.

부모의 개성은 아이들의 '인생철학'이 되기도 하고, 부모들이 생각하는 의미 있는 목적이나 바람직한 가치 같은 것들은 아이들이 생활하는 환경에 직접적으로 반영되기도 한다. 부모들의 성격과 인품, 그리고 생활방식이나 사고방식에 따라서 아이가 숨 쉬는 '깨끗한 공기'가 생성된다는 것이다. 유명한 우화 하나를 보자.

사원을 짓고 있는 현장을 지나던 나그네가 대리석을 조각하고 있는 사람들을 보았다.

"당신은 무얼 하고 있나요?" 나그네가 첫 번째 석공에게 물었다.

"벽돌로 쓸 돌을 다듬고 있지요."

"그럼 당신은 무얼 하고 있나요?" 나그네가 두 번째 석공에게 물었다.

"저는 벽을 세우려고 하고 있지요."

"앞에서 본 한 사람은 벽돌을 만들고, 또 한 사람은 벽을 세운다고 하더군요. 당신은 무얼 하고 있나요?" 나그네가 세 번째 석공에게 물었다.

"저는 사원을 짓고 있습니다."

우리 아이들이 살게 될 '집' 을 지을 때, '벽돌' 이 좋은 품질의 것인지 그리고 그 벽돌을 쌓아 벽이 제대로 올라가고 있는지를 주의 깊게 살펴보는 일은 대단히 중요하다. 하지만 동시에 우리가 절대로 잊지 말아야 하는 사실이 하나 있다. 바로 우리는 아이들이 자신의 삶과 운명을 펼쳐나갈 '사원' 을 짓고 있다는 것이다. 이 '사원' 이 기쁨과 인간미로 충만할 것인지 그렇지 않은지는 바로 우리 자신에게 달려있다.

2021년 4월

신창호

CHAPTER 01

아이들의
타고난
능력에 대한
이해

아이는 우리와 함께 살아가는 '기적' 이다. 우리는 아이가 잘 자라기를 바라며 또 그렇게 되도록 최선의 노력을 기울인다. '아이와 어떻게 이야기를 하고, 어떻게 교육해야 할까?' '아이가 잘못된 행동을 했을 때는 어떻게 해야 하며, 잘못된 행동은 어떻게 바로잡아야 하는 것일까?' 에 대해 우리는 스스로에게 수없이 질문한다. 문제는 이런 질문에 대해 정답이 없다는 것이다. 하지만 한 가지 분명한 것이 있다. 이 모든 질문에 대한 올바른 대답은 모두 아이라는 '기적' 의 이해에서 출발해야 한다는 것이다.

다른 동물들과 마찬가지로 인간도 선험적 능력을 갖고 태어난다. 갓 태어난 아이는 본능적으로 소리가 들리는 방향으로 고개를 돌린다. 태어난 지 두 달이 되면 아이는 자신을 보기 위해 얼굴을 맞대고 있는 어른들의 얼굴에서 미소를 발견하게 된다. 이때 아이의 옹알거림은 미소에 대한 화답이다. 이후 일 년 동안 아이는 보기, 얼굴 구별하기, 물건 구별하기, 장난감 쥐기, 앉기, 기어가기, 일어서기, 걷기, 말하기를 배운다. 그리고 제대로 알아들을 수는 없지만 질문을 시작한다. 이 모든 과정이 특별한 가르침을 통해서 이루어지는 것일까? 그렇지 않다는 것은 누구나 알고 있다. 이처럼 아이는 타고난 선험적 능력을 바탕으로 자신에게 주어진 상황을 스스로 이해한다.

1. 자유에 대한 열망

어떤 문제를 자신이 원하는 방법으로 해결할 때, 아이들은 적극적이고 창의적인 존재가 된다. 하지만 그 반대의 경우, 즉 규제나 강제적인 방법을 동원하면 아이들은 즉시 그 문제에 흥미를 잃어버리고 만다. 아이를 키우는 부모라면 누구나 아이가 고집을 부리거나 화를 내면서 그 문제로부터 벗어나려고 했던 경험이 있을 것이다. 이런 경험과 관찰을 통해 심리학자들은 자율과 자유에 대한 의지가 인간의 가장 기본적인 욕구 가운데 하나라는 사실을 밝혀냈다.

아이들은 자율과 자유에 대한 열망을 매우 일찍부터 드러낸다. "내가 할 거야." "나 혼자 할 수 있어!"라고 말하는 아이들의 언어습관을 통해 우리는 이 사실을 확인할 수 있다. 이 시기가 되면 아이들은 자신의 성장과 자기 학습에 필요한 것들을 더 많이 더 적극적으로 요구한다. 이때 우리가 기억해 둬야 할 것들이 있다. 아이는 자신이 가진 능력을 전적으로 신뢰할 뿐만 아니라, 자신의 능력을 시험하면서 다음 단계로 나아가고 싶어 하는 욕구도 함께 지니고 있다는 것이다. 게다가 아이는 자신의 의지에 따라 무언가를 결정하고 자신이 의도하고 있는 목적을 달성하기 위해 노력하면서 스스로에 대해 자부심을 갖게 된다는 것이다. 나는 상담을 하며 만났던 한 어머니를 통해 이 사실을 다시 한번 확인할 수 있었다.

아들이 세 살 되던 무렵의 겨울이었습니다. 우리는 아파트 단지를 산책하는 중이었어요. 우리 단지 옆에는 작은 언덕이 있었는데 행인들을 위한 계단이 설치되어 있었어요. 그다지 높지는 않았지만 경사가 꽤 가파른 편이었어요. 아이들 몇 명이 언덕의 중간쯤에서 계단을 벗어나 미끄럼을 타고 있었어요. 그 모습을 본 아들은 아이들과 어울리고 싶어 했어요. 그래서 저는 그렇게 하라고 허락해 주었어요. 아들은 아이들 무리에서 몸집도 나이도 중간 정도였어요. 얼마 지나지 않아 아들이 조금 더 높은 곳에서부터 미끄럼을 타고 싶다고 했어요. 저는 걱정스러웠지만 아들을 막지 않았어요. 아들은 계속해서 미끄럼 타기를 성공했어요. 자신감이 생긴 아들은 가장 높은 곳까지 올라갔어요. 물론 저는 태연한 척하고 있었지만 속으로는 무슨 일이 생길까봐 안절부절 못했어요. 하지만 저는 '아이가 원하는 것을 나서서 막지 않겠다.'는 결심을 지키기 위해서 참았어요. 마침내 저는 아들이 모든 두려움을 이기고 언덕 가장 높은 곳까지 올라가서 미끄럼 타는 모습을 볼 수 있었어요.

"아빠, 난 할 수 있어!"

아들은 집에 들어서자마자 상기된 표정으로 소리쳤어요.

"뭘 할 수 있다는 거냐?" 아빠가 물었어요.

"다! 뭐든지!"

아들의 목소리에는 자신감과 자부심이 가득했어요.

이 이야기 속에 등장하는 아이는 무엇으로도 대체할 수 없는 아주 소중한 경험을 했다. 이 경험은 위험과 공포를 스스로 극복한 것이기 때문에 더욱 소중하고 값진 것이다. 아이에게 '나는 뭐든 할 수 있어!' 라는 자신감을 갖는 것의 중요성을 세세하게 설명할 필요는 없을 것이다.

여기에서 우리는 아이가 스스로 결정하고 직접 실행했다는 사실과 함께 아이가 위험과 두려움에 맞설 수 있도록 선택의 자유를 준 아이 엄마의 행동에 주목할 필요가 있다. 그리고 아이에게 자신감이라는 '선물' 을 준 사람은 바로 아주 특별한 용기를 갖고 결단을 내린 엄마였다는 사실을 기억해야 할 것이다.

2. 고도의 집중력

이 주제와 관련해서는 노벨물리학상을 수상한 물리학자 닐스 보어의 일화로 시작해 보겠다.

> 한 어머니가 두 아들을 데리고 기차여행을 하고 있었다. 그들이 목적지에 도착해서 기차에서 내리려고 했을 때, 4인 1실의 쿠페 칸에 같이 앉아 있던 승객이 그들을 바라보며 측은하다는 듯이 혼잣말을 했다.
>
> "불쌍한 엄마군, 한 아이는 정상인데, 다른 아이는 바보 같아!"

두 아들은 닐스와 그의 동생 하랄이었는데, 그 승객이 바보 같다고 말한 아이가 바로 닐스 보어였다. 물론 그가 그렇게 말한 데에는 그만한 이유가 있었다. 여행을 하는 동안 내내 닐스는 입을 반쯤 벌린 채 한 곳을 뚫어지게 응시하고 있었는데 그의 눈에는 닐스의 이 같은 행동이 '바보'처럼 비춰졌을 것이기 때문이다. 그는 어린 아이가 무언가 한 가지 문제에 그토록 깊게 빠져들 수 있다는 사실을 이해하지 못했다. 사실 대부분의 어른들이 아이들의 이런 특성을 이해하지 못한다. 하지만 이 어린 소년은 한 가지 일에 집중할 수 있는 놀라운 능력을 갖추고 있었다. 훗날 이 폭발적인 집중력은 소년이 자신의 재능을 꽃피우는 데 결정적인 역할을 했다.

심리학자들은 무언가에 빠져서 다른 일에 전혀 신경을 쓸 수 없는 몰입의 상황이 나이가 어릴수록 더 자주 발생한다는 놀라운 사실을 증명했다. 그 이유는 간단하다. 어린 아이들에게는 접하는 모든 세계가 새롭고, 알지 못하는 미지의 것이어서 흥미롭기 때문이다. 새로운 것의 총량은 아이가 어른이 될 때까지 알고 체득하는 양만큼 많기 때문에 무궁무진하다고 할 수 있다. “어른들은 1제곱미터도 안 되는 공간에서 살아가고 있지만, 다섯 살 아이들은 우주만큼 넓은 공간을 살아가고 있다.”는 톨스토이의 말은 바로 이런 아이들의 상황을 한 마디로 정리한 것이다.

사실 아이들에게는 집중력이 특별한 재능이라고 할 수 없을지도 모른다. 왜냐하면 집중력은 모든 아이들이, 정말로 모든 아이들이 선천적으로 타고난 재능이기 때문이다. 어른들도 가끔은 집중력을 발휘한다. 책을 재미있게 읽고 있을 때 누군가 자신을 부르는 소리를 듣지 못한다거나, 버스정류장을 그냥 지나치기도 하는데 어른들이 집중력을 발휘하는 순간에 일어나는 일이다. 하지만 이것은 어른들에게 있어서 자신이 좋아하는 일을 할 때 일어나는 조금은 예외적인 경우일 뿐이고 아이들처럼 수시로 그 상태에 도달하는 것은 아니다. 어른들이 아이들의 특별한 재능인 집중력을 발견하기 힘든 것은 바로 그렇기 때문일 것이다.

하지만, 한 가지 분명한 것이 있다. 이 집중의 순간에 인간의 두뇌와 정신은 매우 활발하게 움직인다는 사실이다. 그러므로 아이들에게 '집중의 순간'은 무엇보다 중요하다. 아이를 기르는 부모라면 이 사실을 반드시 기억해야 한다. 아이들은 초등학교 1~2학년이 되면 뭔가 골똘하게 자신만의 생각에 빠지곤 한다. 이런 특성을 이해하지 못한 부모들은 아이에게 "너는 무슨 엉뚱한 생각을 그렇게 하고 있는 거니?" "지금은 공부를 해야 하는 시간이야. 제발 좀 집중해!"라고 야단을 치면서 아이의 생각을 방해한다. '아이가 깊게 몰입한 상태에서 머릿속으로 무언가를 만들어내는 상상의 경험'은 아이의 일생에 있어서 아주 소중한 재산이다. 그러므로 골똘하게 생각하고 있는 아이들을 부모의 입장에서 함부로 대하기보다는 이해심을 갖고 아이의 입장에서 다시 한번 생각할 필요가 있다.

3. 경이로운 고집

집중력과 마찬가지로 모든 아이들이 지니고 있는 또 하나의 특성은 고집이다. 아이들은 끊임없이 뭔가를 자기 것으로 만들기 위해 노력을 한다. 고집스럽게 오직 자기만의 방식으로 고수하며 반복된 연습을 통해 새로운 '어떤 것' 들을 익힌다. 이 과정에서 아이들은 실수를 두려워하지 않는다. 그래서 원하는 것을 이룰 때까지 똑같은 행동을 열 번이고 스무 번이고 반복한다. 이제 갓 첫돌이 지난 아이 엄마의 이야기를 들어보자.

저는 소파에 앉아 있었어요. 그리고 아이는 제게서 몇 미터 떨어진 곳에 있는 1인용 소파를 붙들고 서 있었죠. 아이가 얼마 전에 걸음마를 시작했거든요. 벽이나 가구에 의지해서 서 있거나 한두 걸음정도를 떼는 것은 가능했지만, 발을 움직여서 걸으려는 순간 바로 중심을 잃고 쓰러졌어요. 그날은 아이가 제게 오고 싶어 하는 것 같았어요. 저는 다정하게 아이의 이름을 불렀죠. 아이는 자신의 힘으로 걸어서 제게 오고 싶어 하는 것이 분명했어요. 소파에서 손을 떼고는 몇 걸음 걷더니 중심을 잃고 그대로 엉덩방아를 찧었어요. 그리고 두 손으로 바닥을 짚었어요. 저는 아이가 제게 기어서 올 것이라고 생각했어요. 그런데 아니었어요. 아이는 제게 오지 않고 다시 1인용 소파가 있는 곳으로 갔어요. 그리고 그곳에서 다시 두 발로 서더니 저에게 오기 위해 걸음마를 시작하는 거예요. 아이는 중심을 잃고 쓰러졌고 다시 왔던 길을 되돌아서 기어갔어요. 그렇게 수십 차례를 반복했어요. 그리고 마침내 제가 있는 곳까지 걸어온 아이는 저와 눈을 마주치며 환하게 웃었어요. 승리를 만끽하고 있는 것 같았어요. 그 순간 제가 아이와 함께 나누었던 감정은 단순한 기쁨이 아니었어요. 아이의 기쁜 표정에서 자부심이나 자긍심 같은 것을 느낄 수 있었거든요. 저는 아이가 하나의 인격체라는 사실을 그때 처음으로 깨달았어요.

엄마라면 누구나 '아이 엄마'의 말을 공감할 수 있을 것이다. 이 이야기를 통해서 우리는 어른들과 마찬가지로 아이들도 익숙하고 일상적인 것을 버리고 새로운 것을 받아들이려고 할 때 많은 어려움을 겪게 된다는 것을 알 수 있다. 하지만 어른들과는 다르게 아이들은 정공법을 써서 그 어려움을 극복하려고 노력한다. 즉, 아이는 어려움을 피하지 않고 맞서서 극복하여 자신의 목적을 달성하려고 한다. 세상의 모든 아이들은 이 지점에서 모두 동일하다.

4. 풍부한 감수성

유명한 동물학자이자 생태학자인 오스카 하인로트는 버릇처럼 늘 '동물은 인간보다 훨씬 감정이 풍부한 생명체다.' 라고 이야기했다고 한다. 마찬가지로 아이들에 대해서도 '아이는 어른보다 훨씬 감정이 풍부한 생명체다.' 라고 이야기할 수 있을 것이다. 나는 거기에 '예민한' 이라는 말을 덧붙이고 싶다. 아이들은 어른들이 보기에 아무것도 아닌 일, 이를테면 슬쩍 지나치면서 봤던 것을 평생 동안 가슴에 담아두기도 하는데 이는 놀라운 능력이 아닐 수 없다. 그것은 기억력도 기억력이지만 어떤 감성적 능력이 포함되어 있기 때문이다. 때때로 이러한 능력이 아이의 삶을 결정짓는 아주 중요한 역할을 하기도 한다.

호주의 심리학자 알프레드 아들러는 한 인간이 어렸을 때 갖게 된 기억이 성인이 된 이후의 삶에서 어떤 의미를 갖는가에 대해서 오랫동안 연구했다. 그가 만난 한 여인의 이야기를 들어보자.

> 아버지는 제가 세 살이 되면 말을 사주겠다는 약속을 했어요. 그리고 제가 세 살이 되던 해에 아버지는 언니와 저를 위해 말 두 마리를 사서 집으로 데리고 왔어요. 저보다 세 살 많은 언니는 그 중 한 마리의 고삐를 넘겨받자마자 당당하게 말을 끌고 밖으로 나갔어요. 저는 남겨진 말의 고삐를 잡고 언니를

따라나섰어요. 어느 순간 제가 고삐를 잡은 말이 앞서 달려가는 언니의 말을 쫓기 시작했는데 어린 제가 감당하기에는 너무 빠른 걸음이었어요. 결국 저는 말을 쫓아가다가 넘어져서 진창에 얼굴을 박고 말았어요. 그토록 오랫동안 기대했던 일이 너무나 비극적으로 끝나버린 것이죠. 제가 언니에게 일종의 경쟁의식을 갖기 시작한 것은 아마 그 일이 일어난 뒤부터였을 거예요. 저는 어느 것 하나도 언니에게 지고 싶지 않았어요. 그래서 무슨 일이든 최선을 다해 노력했어요.

아들러는 이 이야기에서 '어린 시절 말을 몰다가 넘어진 기억'이 소녀의 머릿속에 단순한 기억으로만 남아 있지 않다는 사실을 지적하고 있다. '나는 무슨 일을 할 때에는 최선의 노력을 기울여야 한다. 만약 그렇지 않을 경우에 언니는 항상 승리자의 모습으로 진창에 빠져서 지저분한 얼굴을 하고 있는 나를 내려다볼 것이다. 나는 그런 상황을 절대로 참을 수가 없다. 결국 내가 스스로를 보호하는 유일한 방법은 내가 언니를 이기는 것이다.'라고 소녀는 생각한다. 이처럼 어린 시절에 있었던 단 한 순간의 기억이 소녀의 인생에서는 중요한 지표가 된 것이다.

우리는 어린 시절 한 순간의 기억이 인생에서 중요한 역할을 하는 사례를 유명인들의 자서전이나 회고록을 통해서도 쉽게 확인할 수 있다. 러시아의 유명한 시인 마리나 츠베타예바 역시 그런 경험을 기록으로 남기고 있다. 츠베타예바가 여섯 살 때의 일이다. 그녀는 콘서트홀에서 푸쉬킨의 장편 서사시『예브게니 오네긴』을 원작으로 해서 만든 오페라를 보고 있었다. 그녀의 운명을 결정한 것은 주인공인 오네긴과 타치아나가 정원에서 마주하는 장면이었다. 일반적으로 사람들이 눈여겨보지 않고 지나치는 아주 평범한 장면이었다. 츠베타예바는 그 장면을 당시의 자신이 받아들인 그대로 다음과 같이 표현하고 있다.

> 벤치가 보이고, 벤치에는 타치아나가 앉아 있다. 그 곁으로 오네긴이 다가온다. 하지만 오네긴은 앉지 않았다. 타치아나가 자리에서 일어선다. 이제 두 사람은 모두 서 있는 상태가 되었다. 오네긴은 혼자서 꽤 긴 시간동안 이야기를 한다. 타치아나는 아무 말도 하지 않고 오네긴의 이야기를 듣고만 있다. 그때 나는 사랑이라는 감정을 분명하게 이해하게 되었다. 벤치에 앉아 있는 여자 곁으로 다가온 남자가 계속해서 이야기를 하고 여자는 아무 말 없이 잠자코 듣고 있는 그 장면을 보는 순간 '사랑이란 바로 저런 것이구나!' 라고 생각했다.
>
> 하지만 내가 처음으로 사랑을 깨달은 장면은 애석하게도 '사랑의 장면' 이 아니었다. 오네긴은 벤치에 앉지 않고 서 있

었는데 그는 타치아나를 사랑하지 않았지만, 타치아나는 오네긴을 사랑하고 있었다는 것을 나는 알 수 있었다. 그녀가 오네긴을 따라 일어섰기 때문이다. 내가 처음으로 본 '사랑의 장면'은 그때부터 나의 모든 행동을 규정했다. 그래서 내 마음을 가득 채운 모든 열망은 불행하고 일방적이며 불가능한 사랑이었다. 아주 오랜 시간이 흐른 후에도 항상 내가 먼저 누군가에게 편지를 쓰고, 내가 먼저 손을 내밀었던 것은 어쩌면 모두 타치아나 때문일 것이다. 인생의 여명기에 두 눈으로 생생하게 보았던 땋은 머리를 어깨 뒤로 아무렇게나 늘어뜨리고 촛불 아래 앉아 있는 책 속의 타치아나 말이다. 그때부터였을 것이다. 나에게 삶이란 용기에 대한 수업, 자부심에 대한 수업, 신의에 대한 수업, 운명에 대한 수업이었고 동시에 외로움에 대한 수업이기도 했다.

기질처럼 타고난 능력도 상호적이다

대한민국에서 살아가는 사람들에게 '유아교육'이라는 말은 선행 학습 위주의 어린이집이나 유치원, 예체능 학원으로 연결된다. 하지만 유아교육에 주도적인 역할을 하는 사람은 아이와 가장 많이 접하는 사람, 즉 부모이다. 부모는 아이가 타고난 능력을 충분히 발휘할 수 있도록 상호작용을 하면서 도와줄 수 있는 가장 적격인 사람이다.

모든 아이들은 독자성과 자립심, 그리고 유연하고 풍부한 감성과 감정을 가지고 태어난다. 아이들은 모두 자신의 '캐릭터'를 가지고 있다는 것이다. 발달 심리학에서는 이를 '기질(temperament)'이라고 정의한다. 알렉산더 토머스(Alexander Thomas)와 스텔라 체스(Stella Chess)는 이를 순한 기질 (Easy Temperament), 까다로운 기질 (Difficult Temperament), 더딘(느린) 기질 (Slow to Warm up Temperament)로 분류했다. 기질은 부모에게서 영향을 받고 변화할 수 있다. 예를 들어, 까다롭거나 더딘 아이라고 하더라도 그들의 기질에 관심이 있고 인내심을 가진 부모가 아이에게 맞는 긍정적인 양육 태도와 환경을 제공해주면 그렇지 못한 아이보다 적응성이 높게 나타날 것이다. 호기심이 많고 다양한 탐색들을 시도하는 기질의 아이라 하더라도 이를 부모가 받아들이지 못하는 상황이라면 탐색 활동은 빈도가 줄어들게 될 것이다. 중요한 사실은 기질이 부모가 아이에게 영향을 미치는 일방적 관계가 아니라 상호적 관계라는 것이다. 까

다룹거나 더딘 기질을 가진 아이를 양육하던 부모의 긍정적인 양육 태도는 점차 부정적인 양육 방식으로 바뀔 가능성이 있고, 지나치게 호기심이 많고 활동적인 아이를 양육하는 부모는 이를 통제하기 위해 권위적인 부모의 모습으로 아이를 양육할 수도 있다는 것이다. 그러므로 아이를 어떻게 바꿀 것인가, 또는 아이에게 무엇을 해 줄 것인가를 고민하기 보다는 아이의 행동이나 기질을 이해하고 존중하며 아이와 부모가 함께 갈 수 있는 길을 발견하려고 노력하는 것이 무엇보다 중요하다.

CHAPTER 02

아이들의 내면세계에 대한 이해

앞에서 모든 아이들이 선천적으로 독자성과 자립심, 그리고 유연하고 풍부한 감성과 감정을 가지고 태어난다는 사실, 그리고 이것들이 모여서 아이들의 재능과 능력, 행동과 성격의 발달 과정에서 어떤 경향성을 형성하게 될 뿐만 아니라 때로는 이렇게 타고난 능력들은 제각각의 성장 환경 속에서 그 경향성을 구체화한다는 것을 살펴보았다. 지금부터는 타고난 능력들이 어떤 성장환경을 만나서 어떻게 경향성이 구체화되는지를 살펴보기로 하자.

1. '자신만의 세계'로 가는 놀라운 몰입능력

감수성이 뛰어난 아동기에는 긴장, 흥분, 놀라움 등의 감정표현이 자주 일어난다. 이렇게 감정을 표현하는 것은 매우 중요하다. 아이들은 감정표현을 통해 자신만이 가진 '고유한 세계'를 발견하기 때문이다. 어른들의 눈에는 보이지 않는 아이들의 세계를 인정할 때에만 우리는 아이들이 가진 놀라운 몰입능력을 이해할 수 있게 된다. 물론 여기에는 의식적인 노력이 필요하다.

동물행동학 및 비교행동학의 창시자로 알려진 오스트리아의 동물행동학자 콘라드 로렌츠의 기억을 통해 우리는 그것이 얼마나 중요한지를 다시 한번 깨달을 수 있다.

> 북유럽에서 가장 아름다운 계절인 여름이 끝나가고 있다. 이맘때가 되면 기억나는 것이 있다. 그것은 70년 전, 어머니, 이모와 함께 도나우 강변을 산책할 때 일어났던 일이다. 그때 나는 학교에 들어가기도 전이었고 당연히 글을 읽지 못했다. 걱정 많은 어머니와 이모의 거듭된 잔소리에도 불구하고 나는 두 개의 강이 마주치는 곳에 있는 떡갈나무 숲에서 노는 것을 좋아했다. 나는 그날도 다른 날과 마찬가지로 떡갈나무 숲으로 들어가고 있었다. 그때 머리 위에서 이상한 쇳소리 같은 것

이 들렸다. 고개를 들어 보니 청둥오리 떼가 어딘가로 날아가는 중이었다. 나는 지금도 그때 내가 느꼈던 감정을 생생하게 떠올릴 수 있다. 나는 청둥오리들이 어디에서 날아올랐고 어디로 날아가는지를 알지 못했다. 하지만 분명한 사실은 나도 그들과 함께 날아가고 싶었다는 것이다. 그곳에서 나는 낭만적인 여행에 대해서 생각을 했고, 그로 인해 나의 심장은 격렬하게 뛰었다. 나는 확신한다. 내 인생에서 처음으로 일어났던 창작에 대한 강렬한 열망은 바로 그것이었다.

인간의 감정은 매우 일찍 발달하는데 생을 마칠 때까지 거의 변하지 않는다. 머리 위로 청둥오리가 날아갈 때면 항상 어린 시절의 낭만적인 감정이 되살아난다. 그리고 청둥오리 떼가 내려올 때면 마치 상상 속의 이야기에서처럼 내가 부르는 소리에 응답하여 어린 시절의 꿈이 현실에서 이루어질 것만 같았다.

로렌츠는 70살에 노벨상을 수상하기까지 수많은 놀라운 발견을 했다. 그 발견의 대부분은 그가 보살피고 관찰하면서 알게 된 청둥오리의 행동양식에 관한 것들이었다. 로렌츠는 유년의 꿈을 평생 동안 간직했다. 그리고 그 꿈을 이루었다.

이와 비슷한 운명적인 경험을 한 사람으로 찰리 채플린이 있다. 채플린의 어머니는 연극 배우였다. 그녀는 채플린을 극장에 자주 데리고 갔다. 하루는 무대에 있는 그녀를 극장장이 불렀다. 극장장은 채플린의 어머니에게 경영난에 대해서 장황하게 이야기를 했다. 그리고 경영난을 극복할 수 있는 획기적인 아이디어를 제시했다. 어린 채플린을 무대에 세우자는 것이었다. 극장장은 채플린이 어머니와 함께 노래하고 춤추는 것을 봤는데 충분히 가능성이 있다며 그녀를 설득했다. 그녀 역시 채플린의 재능을 알고 있었기 때문에 극장장의 말에 동의했고 채플린은 무대에 서게 되었다.

> 극장장은 관객들에게 채플린을 소개한 후 무대에서 내려갔다. 눈부신 조명이 무대에 혼자 남겨진 어린 채플린을 비췄다. 채플린은 노래를 한 곡 불렀다. 관객들은 환호하며 동전을 무대 위로 던졌다. 꼬마 채플린은 관객들의 갈채에 흥분했고 계속해서 노래를 불렀다. 자신감이 생긴 채플린은 점점 무대의 분위기에 빠져들어 노래를 부르면서 손짓, 몸짓 등 율동을 덧붙이기까지 했다. 공연은 대성공을 거두었다. 이 무대가 바로 후에 찰리 채플린이라는 대배우를 탄생시킨 계기였다.

아이가 자신의 소질이나 재능, 혹은 자신의 꿈을 발견하는 것은 로렌츠나 채플린의 예에서 보듯이 한순간의 특정한 사건에 의해서인 경우가 많다. 물론 모든 사람의 미래가 어떤 한순간에 의해 결정되는 것은 아니다. 우리가 느끼지 못하는 사이에 만들어진 많은 '우연한 만남이나 놀라운 체험'이 쌓여서 미래가 결정될 수도 있다. 하지만 어린 시절에 새롭게 접한 어떤 물건이나 경험은 아이의 눈과 마음을 사로잡아 자신만의 세계로 몰입하게 만든다. 이때 남겨진 지울 수 없는 '흔적'은 개인적인 경험을 통해서 '자신만의 고유한 세계'로 자리 잡게 된다.

2. '운명적인 것'에 대한 예감

'이것은 내 길이야!' 라는 마음이 어떤 단 한순간의 선명한 사건이나 느낌 때문에 생겼든 아니면 기분 좋은 사건들이 차곡차곡 쌓여서 만들어진 것이든 간에 아이들의 경우 대부분은 아주 어릴 때 미래의 운명에 대한 어떤 느낌을 받는다. 이런 경우 대부분의 어른들은 아이들이 현실과 동떨어져서 막연한 미래를 꿈꾸고 있다고 생각한다. 하지만 아이들은 이런 상상이나 막연한 느낌을 통해 자신이 의미 있고 유능한 존재라는 것을 인식한다. 이런 느낌이나 상상은 아이의 미래를 결정하는 중요한 요인이 된다.

찰리 채플린의 이야기를 다시 해보자. 그의 가족은 매우 가난했다. 그래서 찰리 채플린은 아주 어렸을 때부터 돈을 벌어야만 했다.

"어린 시절 나는 항상 일을 하고 있었다. 신문을 팔거나, 인형을 만들거나 인쇄소나 병원 접수창구에서 허드렛일을 했다. 심지어는 그 어린 나이에 공장에서 유리를 불어서 병을 만드는 일도 했다. 하지만 당시에 내가 무슨 일을 하는지에 관계없이 언젠가는 배우가 되겠다는 생각을 결코 잊어버린 적이 없었다."라고 찰리 채플린은 자서전에 쓰고 있다.

유명한 화가 마르크 샤갈의 부모님은 아들이 회계사나 관리가 되기를 희망했다. 샤갈은 "화가라는 말은 우리 마을에서는 입에도 담지 않았던 아주 천한 직업이었다."라고 썼다. 하지만 어린 마르크 샤갈은 주변의 극심한 반대에도 불구하고 그림을 그리겠다고 결심했다.

"엄마, 난 화가가 될 거야. 날 도와줘 엄마, 나하고 함께 가자. 도시에 가면 학교가 있는데 그곳에 다니면 진짜 화가가 될 수 있어. 그러면 나는 정말 행복할거야."

"뭐라고? 화가라고? 무슨 말도 안 되는 소리냐? 빵 굽는데 귀찮게 굴지 말고 저리 가거라."

"엄마, 난 더 이상 참을 수 없어. 제발 같이 가자!"

"엄마가 바쁘다고 했지. 제발 날 그냥 놔둬라!"

'어쨌거나 난 화가가 되고 말 거야. 혼자서라도 하면 되지, 뭐.' 라고 나는 생각했다.

우리가 본 채플린과 샤갈은 어린 나이였다. 그럼에도 그들은 어떤 상황에서나 자신의 능력을 충분히 발휘할 수 있으며 자신의 의견과 느낌을 자유롭게 표현할 수 있는 자기 존중의 태도가 형성되어 있다. 무엇이 이것을 가능하게 했던 것일까?

3. 조용한 집중의 순간

이제까지 이야기한 아이의 인생에 길을 밝혀준 사건들은 몇 가지 공통적인 특징을 가지고 있다. 그 중에서도 가장 중요한 특징은 바로 아이들은 스스로 무엇인가를 하면서 자신의 운명을 발견한다는 것이다. 특히 겉으로는 아무것도 안 하는 것처럼 조용해 보이지만 아이의 관심이 매우 활발하게 일어나는 순간이 있다. 이것이 바로 '조용한 집중의 순간' 이다. 우리는 아기가 침대에 누워있을 때 종종 이런 모습을 목격할 수 있다. 아기는 완전히 잠에서 깬 것도 아니고 잠이 든 상태도 아닌 그런 상태에서 조용히 무언가를 하고 있는 모습을 볼 수 있다.

한 심리학자는 이 장면을 다음과 같이 썼다. "아기가 누워 있는 침대를 주의 깊게 들여다보라. 당신은 아기가 무언가를 찾고 있다는 것을 깨닫게 될 것이다. 아기는 도대체 무엇을 찾고 있는 것일까? 간단하다. 아기는 '세상' 을 찾고 있다."

만약 아이가 이미 유아기를 지났다면 '세상' 을 찾는 일보다 훨씬 더 구체적이고 의미 있는 내용 찾기를 시작한다. 몇 가지 예를 보자.

> "엄마, 들어봐요! 우유 파는 아줌마가 창 밖에서 C단조로 소리치고 있어요."

어느 날 아침 로시니는 침대에 누워서 엄마에게 소리쳤다.

이것은 작곡가인 조아키노 로시니가 두 돌이 조금 지났을 때의 이야기다. 로시니는 이렇게 자신이 가진 절대 음감을 처음으로 세상에 알렸다. 물론 로시니의 엄마가 피아니스트였기 때문에 이미 음계를 알고 있었기 때문이기도 하다. 하지만 중요한 것은 무언가에 집중해서 전혀 연관성이 없는 두 가지를 연결시켜 이해했다는 사실이다.

수학자 가우스는 어릴 때부터 수학에 재능을 보였다고 한다. 그는 회계사인 아버지가 중얼거리면서 계산을 하고 있으면 침대에 누운 채 아버지의 실수를 지적했다.

유럽 최초의 여자 대학교수인 소피아 코발레프스카야가 수학자가 된 아주 특별한 계기가 있었다. 그녀가 수학에 대해 관심을 가지게 된 것은 병원에 입원해 있을 때였다. 누군가가 새로운 벽지를 바르기 위해 못 쓰는 종이를 벽에 붙여 뒀는데 그 종이에는 수학 공식들이 적혀 있었다. 벽에 적어 둔 수학공식에 대한 궁금증에서부터 수학자의 꿈이 시작되었다.

이처럼 아이는 주위가 조용하고 혼자인 상황에서 본능적으로, 그리고 더 활발하게 자신의 길을 느끼고 찾기 시작한다. 로렌츠의 회고에서 보았듯이 그는 산책을 할 때 엄마와 이모가 가지 말라고 하는 말을 듣지 않았다. 하지만 그랬기 때문에 로렌츠는 청둥오리의 울음소리를 들었고 혼자 수풀 사이에 서 있게 되었다. 그리고 그것은 자신의 길을 훨씬 더 정확하고 빠르게 찾을 수 있는 계기가 되었다.

다섯 살짜리 츠베타예바는 자신이 좋아하는 푸쉬킨을 읽기 위해서 자신만의 비밀장소인 책장에 들어가 앉아있곤 하였다. 닫혀있는 책장 속에 숨겨져 있는 열매가 있었다. 이 열매는 다름 아닌 '푸쉬킨 전집'이란 금박 활자가 박힌 두꺼운 책이었다.

> 나는 책장 안의 빈 공간에 걸터앉아 두꺼운 푸쉬킨의 책을 읽었다. 어두웠기 때문에 책에다 얼굴을 바짝 붙일 수밖에 없었다. 하지만 푸쉬킨의 시는 내 가슴과 머릿속을 환하게 밝혀 주었다.

4. 자신만의 '비밀스러운' 경험

아이들은 무언가를 소중하게 느끼면 느낄수록 다른 사람으로부터 그것을 감추려고 한다. 앞에서 본 츠베타예바도 마찬가지였다.

> 나는 푸쉬킨의 시 「집시」에 푹 빠져 있었다. 시에 나온 단어 하나하나를 사랑하게 되었다. 하지만 아무에게도 그 사실을 이야기할 수 없었다. 어른들 몰래 책을 읽었기 때문에 어른들에게 이야기할 수 없었고, 다른 아이들은 내 이야기를 전혀 이해하지 못했다. 그것은 비밀이 되었고 나만의 비밀이었기 때문에 더욱 소중했다. 나만의 붉은 방, 나만의 파란 책…….

유명한 심리학자 칼 로저스는 어렸을 때 단 한 종류의 나비에 대해서만 관심을 가졌다. 그는 자신이 이 나비에 관심이 있다는 것을 다른 사람들이 눈치 채지 않도록 조심스럽게 행동했다. 츠베타예바와 마찬가지로 로저스는 이 나비를 보자마자 첫눈에 자신의 모든 것이 빨려 들어가는 강렬한 느낌을 받았다.

> 나의 관심은 파란 바탕에 테두리가 빨간 날개를 가진 놀랍도록 아름다운 나비에 집중되었다. 나는 지금도 이 나비를 보

> 면 내가 어렸을 때 처음으로 그 나비를 보았던 장소로 되돌아 가는 것 같다. 라벤더색 무늬가 있으며, 녹색과 금색으로 반짝이는 놀라운 모습. 나는 완전히 사로잡혔다.

어린 로저스는 몇 년 동안이나 집과 집 주위에서 이 나비를 찾는 일에 온통 정신을 빼앗겼다. 자연스럽게 그는 나비들이 살아가는데 필요한 조건들을 알아보기 시작했다. 무엇을 먹고 사는지, 어떤 나무에서 사는지, 애벌레에서 나비가 되는 데까지 걸리는 시간은 얼마나 되는지 등 이 분야의 전문가들이나 알고 있을 법한 많은 지식을 알게 되었다.

> 나는 내가 관심을 가지고 있는 이 사실에 대해 선생님은 물론 부모님에게조차 이야기하지 않았다. 나를 완전히 사로잡은 그 일은 '다른 모든 사람들이 알고 있는 나' 와는 전혀 별개의 것이었다. 내가 관심을 가지고 있는 것은 순전히 나만의 것이었다. 이것은 선생님이나 부모님과는 전혀 관계가 없는 일이기 때문에 누구도 그 일을 방해해서는 안 된다고 생각했다.

로저스는 무엇 때문에 선생님 또는 부모님과의 관계가 아닌 자기만의 것이라고 하는 것일까? 또 방해해서는 안 된다고까지 말하는 것은 무엇 때문일까?

아이는 자신이 소중하게 생각하는 것을 다른 사람이 거칠게 대하거나 무관심을 나타내서 자신의 내부의 세계를 다치게 할까 봐, 또는 자신의 영혼 속에 살고 있는 놀라움과 관심의 세계가 무너질까 봐 그러는 것이다. 간단히 말해 아이는 그것을 보호하고 싶어 한다. 아이는 그 세계를 자신의 것처럼 느끼고 자신의 한 부분처럼 걱정한다. 이러한 형태로 비밀을 지킨다는 것은 자신을, 자신의 개인적인 세계를 지키는 싸움이 된다.

5. 몰이해에 대한 저항

만약 아이가 어떤 일에 항상 관심을 보인다면 그것은 아이가 그 일에 재능이 있다는 것을 보여주는 지표가 된다. 화가이자 전기 작가인 조르조 바사리가 쓴 『뛰어난 화가 · 조각가 · 건축가의 생애』 속 「화가 조토 평전」에 주목할 만한 대목이 있다.

> 평범한 농부인 아버지는 조토에게 양 몇 마리를 돌보는 일을 맡겼다. 조토는 양을 돌보면서 자연의 풍경에 관심을 가지고 땅이나 바위, 모래 등 어느 곳에나 닥치는 대로 그림을 그렸다. 그를 가르친 사람은 아무도 없었다. 오직 자연만이 그의 스승이었다.

그림에 대한 이런 종류의 관심은 조토와 마찬가지로 샤갈에게서도 아무런 특별한 교육도 없이 발현되었다(샤갈의 가족 중 어느 누구도 그림에 대한 재능이나 관심이 없었다). 실제로 이런 식으로 재능을 발현하는 일은 거의 모든 분야에서 어렵지 않게 찾을 수 있다. 그가 전문 교육을 받으며 성장했는지 그렇지 않은지는 별개의 문제이다. 가장 중요한 것은 자신을 발견한 아이는 하루 종일, 24시간 내내 쉬지 않고 자기가 좋아하는 일을 한다는 것이다. 뿐만 아니라 상황이나 부모의 의지를 거스르면서까지 최선의 노력을 기울이기도 한다.

유명한 러시아의 물리학자 레프 란다우의 아버지는 란다우가 수학에 빠져 사는 것을 좋아하지 않았다. 그럼에도 불구하고 란다우는 초등학교에 들어가기도 전부터 수학을 좋아했고 재능을 보였다. 하지만 란다우의 아버지는 란다우가 수학에 관한 책을 읽거나 문제를 풀면 체벌을 하면서까지 강제로 음악 공부를 시켰다. 열세 살의 어린 란다우가 자살에 대해 생각할 정도로 문제가 커졌지만 란다우의 경우에는 어머니의 도움으로 그 상황을 해결할 수 있었다.

란다우의 경우와 달리 츠베타예바의 경우에는 어머니가 반대를 했다. 츠베타예바의 어머니는 꽤 유명한 피아니스트였다. 하지만 자신이 누린 피아니스트로서의 명성에 만족하지 못한 그녀는 자신의 못다 이룬 꿈을 츠베타예바를 통해 이루려고 했다. 그녀는 다섯 살짜리 츠베타예바가 하루에 몇 시간 이상은 반드시 피아노를 쳐야 한다며 강제적으로 연습을 시켰다. 츠베타예바는 거의 자동으로 음악과 피아노로부터 멀어져갔다. 츠베타예바의 관심은 오직 책이었고 시였다.

츠베타예바는 점점 독서에 열중하게 되었다. 츠베타예바는 4살 때부터 책을 읽을 수 있었지만 츠베타예바의 어머니는 아이가 책 읽는 것을 못마땅해 했다. 하지만 책을 읽고 싶은 열망을 막을 수는 없었다. 츠베타예바가 매일 연습을 하는 그랜드 피아노 옆 선반에는 악보들이 가득했다. 그 선반에는 언니 레라의 악보도 있었는데 그 중에는 가사가 적혀 있는 로망스의 악보가 있었다. 물론 로망스의 가사는 아이가 읽기에 어려운 내용으로 가득했지만 그런 것은 아무런 장애가 되지 못했다.

나는 언니의 악보에 있는 가사를 보고 너무나 기쁜 나머지 하루 종일 그것을 외우고 다녔다. 엄마가 옆에 있는지도 모르고 소리를 내어 읊었다.

"심장에 기쁨과 천둥이……."

"너 무슨 말을 하는 거냐? 어디 다시 한번 말해 봐라!"

갑자기 등 뒤에서 엄마의 목소리가 들렸다.

"심장에 기쁨과 천둥이……."

나는 기어들어가는 목소리로 이야기를 시작했다.

"그게 무슨 뜻인지는 아는 거냐?"

"그러니까 심장에 기쁨과 천둥이라는 것은……."

"뭐? 뭐라고?"

엄마는 내 말을 끊으며 이야기를 했다.

"언니 악보를 보지 말라고 내가 너한테 수백 번도 더 말했잖아. 정말 더 이상은 못 참겠다. 그렇다고 자물쇠를 채워 놓을 수도 없고."

엄마는 이해할 수 없다는 표정을 짓고는 아빠가 있는 방으로 가버렸다.

6. '형식적인 것'에 대한 저항

관심의 깊이가 크면 클수록 아이는 더 정확하게 자신의 길을 알게 된다. 이사도라 던컨 역시 이미 어린 시절에 새로운 스타일의 춤에 대해서 관심을 가졌다.

> 나는 다른 형태의 춤에 대해서 생각을 했다. 나는 새로운 춤이 어떻게 되어야 할지 구체적으로 알지 못했다. 하지만 그 알 수 없는 세계에 대한 관심은 점점 깊어졌다. 나는 그 세계를 느꼈고 내가 그 세계 속으로 들어갈 수 있다고 믿었다. 내 예술은 내가 어린 소녀였을 때 이미 내 안에서 살고 있었다.

아이의 관심을 알아본 던컨의 어머니는 유명한 발레 교사에게 그녀를 보냈다.

> 수업은 전혀 마음에 들지 않았다. 선생님은 대뜸 내게 발가락 끝으로 서 보라고 했다. 나는 왜 그렇게 해야 하는지 선생님에게 물었다. "아름다우니까!" 선생님의 대답은 간단했다. 나는 선생님께 그것에 대한 내 생각을 말했다. "이것은 흉측할 뿐만 아니라 자연의 법칙에도 위배된다."고. 세 번의 수업을 받

은 후 난 더 이상 그곳으로 돌아가지 않았다, 선생님이 춤이라고 부르는 형식에 얽매인 진부한 체조는 나의 꿈을 위축시킬 뿐이었기 때문에.

마르크 샤갈도 어머니와 함께 갔던 미술학교에서 던컨과 비슷한 느낌을 적고 있다.

작업실은 위아래 할 것 없이 그림들로 꽉 들어 차 있었다. 그림은 석고 팔, 석고 다리 그리고 그리스인들의 머리뿐이었다. 나는 아직 내가 어떤 길을 택하게 될지 모르고 있었다. 하지만 그 그림들을 본 순간 내 가슴 속 깊은 곳에서 '이것은 내 길이 아니다.' 라고 소리치고 있었다. 엄마는 작업실 구석구석을 살펴보았다. 그리고 갑자기 내게로 몸을 돌리더니 간절하고도 단호하게 말했다.

"얘야, 이걸 보렴. 넌 결코 이렇게 그릴 수 없을 거야. 집으로 가자."

"엄마, 잠깐만 기다려 봐요! ……"

나는 엄마를 설득하기 위해 이야기하면서 생각했다.

'도대체 무엇 때문에 이렇게 하는 거지? 이것은 내 길이 아니다.'

아무런 방해를 받지 않는 혼자만의 유익한 시간, 타인으로부터 자기 자신의 보호 그리고 몰이해와 형식적인 학습에 대한 저항. 이것만으로는 아이의 능력과 재능의 발전을 기대할 수는 없다. 이것은 최소한의 조건일 뿐이기 때문이다. 이를테면, 비록 아이가 자기만의 자유로운 시간을 혼자서 보낸다고 하더라도 그 속에는 자신의 관심을 다른 사람과 나누고 싶은 마음도 있기 마련이다.

고민을 해결해 주는 것보다는 지지와 공감이 필요하다

아이들은 부모에게 자신을 온전히 의탁함으로써 신뢰와 애착이라는 감정이 생기며 정서적으로도 안정을 느끼며 성장을 하게 된다. 그래서 이 시기의 아이들에게는 돌봄과 관심을 기울여줄 수 있는 어른이 필요하다. 지금의 어른들도 모두 한때는 누군가의 돌봄이 필요했던 존재라는 것을 기억해야 한다.

조금만 생각해 보면 아이들이 자기중심적인 사고를 하는 것은 당연한 일이고 타인과의 '다름'을 이해하는 것 역시 결코 쉬운 일이 아니다. 자신이 좋아하는 것을 싫어하는 사람이 있을 수 있다는 사실을 이해하지 못하는 것이다. 아이들은 자신이 문제라고 느끼는 일에 대한 직접적인 해결책보다는 어른들의 지지와 공감이 필요하다. 가장 먼저 아이들의 상황이나 상태를 경청하고 공감한 다음, 부모가 자신의 의견을 간결하게 말해 주는 것도 도움이 된다. 분명한 사실은 부모나 어른들의 역할은 여기까지라는 것이다. 간결하고 분명한 말, 원칙이 있는 행동과 함께 결코 잊지 말아야 할 것은 말과 행동에 사랑이 담겨 있어야 한다는 것이다.

CHAPTER 03

아이들의 변화를 이끌어내는 '동기부여의 법칙'

아이의 능력과 재능의 발전을 위해서 반드시 갖추어져야 하는 것이 있다. 그것은 부모 또는 선생님의 아이에 대한 올바른 이해이다. 다음에 소개하는 몇 가지 지식은 우리를 아이에 대한 올바른 이해로 이끌 것이다.

1. 동기부여는 필요로부터

모든 살아있는 생물들은 자신에게 필요한 것을 찾아내기 위해서 활발하게 움직인다. 아이가 활발하게 움직이는 이유도 역시 무언가 필요한 것이 있기 때문이다. 아이에게는 무엇이 필요할까? 심리학자들은 '아이들은 본능적으로 지식, 자기 보호, 대화, 성장과 발전, 긍정적인 자기 가치 그리고 자유와 자율을 끊임없이 필요로 한다.' 고 이야기한다. 바로 이것이 아이들이 태어날 때부터 가지고 있는 기본적인 욕구이다.

아이들이 본능적으로 느끼는 필요는 행동의 동기 또는 자극으로 바뀐다. 그 과정은 다음과 같다. 즉, 필요는 그것을 만족시키는 어떤 것을 찾게 되고 결국 그 어떤 것을 만나게 된다. 이 어떤 것은 아이의 관심을 끌기 시작하고 아이가 어떤 행동을 하도록 자극을 준다. 즉 이 어떤 것이 아이의 행동의 동기가 된다.

아이가 엄마와 대화를 하는 이유는 엄마가 아이에게 필요한 사랑을 충족해주기 때문이고, 아이가 밝은 색의 인형을 보고 얼굴 가득 미소 짓는 이유는 밝은 색이 아이에게 새로운 느낌에 대한 필요를 만족시켜주기 때문이다. 아이가 기거나, 걷거나, 말하기를 배우는 것은 성장, 발전 그리고 완전성에 대한 필요를 충족시킨다. 아이가 성장함에 따라 더 많은 물건, 사람, 일, 사건들이 필요와 더욱 더 많은 관계를 맺는다. 즉 동기가 된다.

체호프는 자신의 단편 소설에서 아이들이 카드놀이를 하는 다양한 이유, 즉 동기를 보여준다. 상황은 간단하다. 집에는 아홉 살을 채 넘기지 않은 다섯 명의 아이들이 있다. 아이들은 원탁에 둘러앉아서 동전을 걸고 카드놀이를 했다. 금액은 크지 않지만 모두 열심이다.

> 아홉 살 그리샤의 얼굴이 진지하다. 주위에 있는 누구보다 카드놀이에 큰 관심을 가지고 있다. 그리샤는 아이들 중 유일하게 돈을 벌기 위해서 카드놀이를 하고 있었다. 만약 돈이 한 푼도 걸려있지 않았다면 오래 전에 침대에 누워서 잠을 잤을 것이다. 카드놀이에서 질 수도 있다는 공포가 그의 짧게 자른 머릿속에 있었다. 그는 침착하게 앉아 있을 수 없었고 안절부절못했다.
>
> 그리샤의 여동생인 여덟 살 아냐가 무서워하는 것은 자신이 아닌 누군가가 이기지 않을까 하는 것이다. 아냐는 얼굴이 붉어지기도 하고 창백해지기도 하면서 놀고 있는 아이들의 얼굴을 조심스럽게 살폈다. 아냐는 동전 몇 푼에는 전혀 관심이 없다. 카드놀이를 하면서 아냐가 중요하게 생각하는 것은 오직 명예다. 아냐의 생각에 접시 위에는 동전과 함께 명예가 놓여 있다.

그리샤의 또 다른 여동생인 여섯 살 소냐는 놀이 자체를 즐기기 위해서 카드놀이를 한다. 소냐의 얼굴에는 기쁨의 표정이 역력했다. 누가 이기든 상관없다는 듯 카드놀이를 하는 내내 소냐는 깔깔거리면서 박수를 쳤다.

뚱뚱한 알료샤는 돈에 대한 욕심도 없으며 놀이를 즐기지도 않는다. 이 무리들 중 누구도 자신을 자러가라고 쫓아내지 않는 것이 고마울 뿐이다. 알료사는 겉모습은 게으르게 보이지만 아주 약삭빠른 머리를 가지고 있다. 그런 알료샤가 탁자에 앉아있는 이유는 카드놀이를 하기 위해서가 아니라 카드놀이를 하게 되면 늘 벌어지는 싸움을 보기 위해서이다. 알료샤는 누가 주먹을 휘두르며 욕하는 장면을 기다렸다.

다섯 번째는 하녀의 아들 안드레이이다. 안드레이는 게임에서 이기거나 행운을 잡는 것에 관심이 없다. 안드레이에게 관심이 있는 것은 수학이다. 이 세상에는 얼마나 많은 수가 있는지 그리고 어떻게 이 아이들은 숫자를 헷갈리지 않고 게임을 할 수 있을까만 궁금할 뿐이다.

체호프의 단편 소설에서 우리는 아이들이 카드놀이를 하는 다양한 동기를 볼 수 있다. 어떤 동기들이 있는지 알아보자. '돈을 벌려고', '명예 때문에', '놀이 자체가 재미있어서', '싸움을 구경하려고' 그리고 마지막으로 '수학에 대한 관심'이다. 삶은 이와 같이 항상 다양한 모습을 가지고 있다. 어떤 한 가지 일이 있다고 했을 때 사람들이 그 일을 하는 이유는 모두 제각기 다르다. 지극히 개인적인 이유로 다를 수 있을 뿐만 아니라 나이, 교육 정도, 인식 능력 발달 정도 등에 따라서 다르게 나타난다. 하지만 이것이 어떤 행동에 대한 동기 전체를 설명해 주지는 못한다.

텔레비전과 공갈젖꼭지

필요성에 대한 인식이 어떻게 생겨나는지를 보여주는 실험이 있었다. 이것은 생후 두 달된 아기들을 대상으로 실험한 내용이다.

먼저 아기에게 공갈젖꼭지를 주었다. 이 공갈젖꼭지는 고무호스를 통해서 텔레비전과 연결시켜서 텔레비전의 스위치 역할을 하게 했다. 아기가 공갈젖꼭지를 빨면 텔레비전이 켜지면서 움직이지 않는 그림, 말하는 여자의 모습이 나오게 만들었다. 그리고 아이가 공갈젖꼭지 빨기를 그만두면 텔레비전이 꺼지게 만들었다.

아기는 배가 부른 상태였다.(이 실험에서는 반드시 필요한 조건이다.) 아기는 배가 부른 상태였기 때문에 공갈젖꼭지를 가끔씩 빨았다. 점차적으로 아기는 자신이 공갈젖꼭지를 빠는 동작을 하면 화면이 켜진다는 것을 알게 되었다. 그러자 다음과 같은 현상이 일어났다. 아기는 아주 빈번하게 공갈젖꼭지를 빨기 시작하였고, 나중에는 쉬지 않고 계속해서 빨아대었다.

이 실험의 결과로 이미 두 달된 아기도 외부의 세계로부터 정보를 적극적으로 받아들이려고 노력한다는 것을 알 수 있다. 이러한 적극성이 바로 필요성에 대한 인식의 탄생이었던 것이다.

필요성에 대한 인식, 또는 필요성에 대한 탐구성은 아이가 성장하면서 함께 커진다. 아기들은 금방 감각기관과 손짓(아기는 손짓의 도움으로 물질의 특성을 알게 된다.)의 도움을 받아 나름대로 연구를 계속하면서 인식의 지적인 형태가 나타나게 된다. 아기들은 "이게 뭐지?" "왜 그렇지?" "무엇 때문에?" 등의 전통적인 아기 질문을 어른들에게 한다. 그리고 나서 모든 것이 정상적으로 이루어진다면 읽기, 쓰기 그리고 자연과 인간에 대한 탐구에 관심을 보이게 된다.

2. 동기는 언제 만들어지고 언제 소멸하는가?

사람은 어떤 동기를 갖느냐에 따라서 똑같은 일을 전혀 다르게 느끼기도 한다. 다시 체호프의 단편 소설로 돌아가 보면 그러한 상관관계를 볼 수 있을 것이다.

작가는 아냐의 심리를 '접시 위에는 동전과 함께 명예가 놓여있다.' 고 표현했다. 아냐는 게임을 이기거나 질 경우마다 '얼굴이 붉어지기도 하고 창백해지기도 하기' 를 반복했다. 소냐는 '놀이 자체를 즐기기 위해서' 카드놀이를 하기 때문에 누가 이기든 상관없이 혼자서 '깔깔거리면서 박수' 를 쳤다. 소냐가 기뻐하는 이유는 놀이가 계속되고 있으며 그 놀이에 자신이 참여하고 있기 때문이다. 알료샤는 '누가 주먹을 휘두르며 욕하는 장면을 기다렸다.' 즉, 알료샤는 싸움이 일어났을 때 만족을 느끼는 것이다. 사건이 어떻게 진행되는지를 다시 한번 살펴보도록 하자.

> "와, 내가 맞추었다! 맞추었어!"
>
> 소냐가 눈을 가늘게 뜨면서 깔깔거리며 소리쳤다. 상대편들은 얼굴을 찡그렸다.
>
> "어디 한번 봐!"
>
> 그리샤는 질투심 어린 눈으로 소냐를 바라보며 말했다.

왜 그리샤에게는 질투심이 생겼을까? 왜냐하면 그리샤는 동전을 획득하기 위해서 게임을 하는데 그것을 자신이 아니라 소냐가 가져가기 때문이다. 동기가 현실화 될 때에는 만족과 기쁨이 생겨난다. 하지만 동기가 현실화되지 않을 때에는 화가 나거나 불만과 환멸이 생기게 된다. 이러한 심리학적 행동을 이해하는 것이 어떻게 아이들을 가르치는데 도움이 되는지 살펴보자.

3. 동기의 발생과 소멸

일반적으로 어떠한 일이건 간에 몇 가지의 동기가 '동시에 작용'을 하게 된다. 한 소년의 생활 속으로 들어가 보자.

예를 들어서 한 소년이 축구를 하고 있다. 무엇 때문에 축구를 할까? 이 경우에 어떠한 필요가 만족되는지 한번 살펴보면, 첫째, 소년은 육체적인 에너지를 분출해야할 필요를 느끼게 된다. 이때에 운동으로 필요를 충족한다. 둘째, 소년은 완벽성에 대한 필요를 실현하려하기 때문에 기술의 습득을 위해서 노력한다. 셋째, 소년은 친구들과 대화를 필요로 하는데 축구를 하면서 친구들과 만나서 대화를 할 수 있다. 넷째, 골을 넣거나 좋은 패스를 하게 되면 자신감이 생겨서 자신에 대한 가치를 높인다. 다섯째, 소년은 자기의 멋진 모습을 보여주고 싶다. 그래서 관중석에 관객들이 앉아 있게 되면 열심히 하면서 자신의 모습을 보여준다. 그는 만날 장소, 시간에 대해서 협의하고 팀원으로서 규율을 지킨다. 이런 식으로 자율적이며 매우 일반적인 동시에 기본적인 욕구에 대한 필요가 충족된다. 위에서 말한 모든 것은 그의 축구와 연관되어 매우 긍정적인 경험을 만들어낸다. 결국 축구는 소년 스스로가 만든 동기가 된다. 소년은 그것을 위해서 많은 시간과 노력을 투자한다.

이제 공부와 관련된 것을 한번 살펴보도록 하자.

공부라는 것은 그렇게 재미있는 일이 아니다. 무엇을 배울 것인지 어떻게 배울 것인지 등에 대한 선택의 여지가 없기 때문이다. 흔히 부모님들은 '공부 끝내기 전에 축구하러 가면 안 된다.'는 식으로 말한다. 이러한 방식은 자율이 없을 뿐만 아니라 명령과 당위만을 강조하게 된다. 아이들이 명령이나 외부의 압력에 의해 대충 공부를 하게 되고 당연히 결과는 좋지 못하다. 악순환의 고리가 만들어지는 것이다. 대충 공부했기 때문에 앞의 것을 제대로 이해하지 못하고 그 결과는 새로운 것(수학공식이나 영어 단어 등)에 대한 이해력의 저하로 나타난다. 이런 악순환의 고리(이 연결고리의 출발은 공부를 하면서 만들어진 어려움에서 출발했다는 사실을 기억해야 한다.)는 결국 어려움에 대한 극복의 의지를 약하게 만든다. 몇 번의 반복되는 실수로 인해 아이 스스로 느끼는 자신의 가치도 떨어진다. 게다가 선생님께 아이들 앞에서 공개적으로 야단을 맞고 친구들 사이에서 인기는 곤두박질친다. 결국 집에서까지도 공부 때문에 야단맞고 벌을 받는다. 부모님과 대화를 해야겠다는 필요성이 점점 없어지게 되어 그 필요성이 '마이너스'가 되어버린다. 공부로부터 생겨난 사소한 결과는 커다란 문제가 되어 아이의 일생을 송두리째 바꿔 버릴 수도 있다. 왜 이런 일이 벌어졌을까? 부모님들이 무심결에 뱉은 한마디가 이 엄청난 결과를 낳았다. 그 말에는 어떠한 자율적인 동기도 담겨 있지 않았다. 결국 공부는 소년을 밀쳐낸다.

위에서 본 두 가지 예를 통해서 우리는 동기 발생의 역학과 그 반대인 동기 소멸의 역학을 볼 수 있었다. 비유를 하자면 우리의 감정은 어떤 결정체와 같이 우리가 관계를 하고 있는 물체, 일, 인간에 둘러싸이게 된다. 만약 이 결정체가 긍정적이고 밝은 것이라면 '물체'는 혼자서 빛을 발하며 스스로 동기가 된다. 만약 이 결정체가 부정적인 것이라면 '물체'에 붙어서 해악이 되는 역할을 한다. 공부하는 것을 좋아하는 아이를 오히려 공부를 거부하는 아이로 만드는 것이다. 이러한 경우 우리는 '흥미를 잃는다.'라고 말한다. 이런 식으로 우리가 '인생'의 법칙과 필요 그리고 동기를 얼마나 잘 알고 있느냐에 따라서 감정은 아이들의 교육의 행로에 영향을 미치게 된다. 이를 통해 우리는 두 가지 실천적인 원리를 발견할 수 있다.

- 아이를 교육시킬 때 그의 욕구(필요)와 동기에 대해서 만족을 할 수 있도록 해야 한다.
- 우리가 아이들에게 무슨 일을 하도록 만들 경우 부정적인 감정이 쌓이지 않도록 만들어야 한다.

4. 동기의 부여

앞에서 살펴본 원리를 아주 평범한 집안일에 적용해 보자.

예를 들어서 설거지가 있다. 일반적으로 3~4살의 아이들은 그릇을 씻는 것을 좋아한다. 이맘때의 아이들은 엄마가 하는 모든 행동을 따라한다. 새로운 것을 받아들이려는 노력이 여기에 더해지기도 한다. 점차 아이의 능력이 향상되는 것을 보며 엄마는 기뻐한다. 하지만8~9살이 되면 집안일에 대한 관심이 줄면서 좀 더 복잡한 일을 좋아하게 된다. 예를 들어 컴퓨터, 책읽기, 운동을 좋아하고 또래의 아이들과 대화하고 싶어 한다.

그렇다면 초등학생이 되어서도 계속해서 엄마의 설거지를 돕는 경우가 있는데 그 이유는 무엇일까? 그것에 대한 동기는 '엄마와의 대화'에서 찾아야 할 것이다. 아이가 엄마와의 대화에 대한 동기를 가지고 있고, 엄마를 도와주려는 마음이 있으며, 엄마와 좋은 관계를 갖고 싶어 하기 때문이다. 그렇게 함으로써 자신에 대한 긍정적인 평가(도움을 주는 사람으로서의 자신에 대한 평가)를 하게 되는 것이다.

어떻게 하면 가능할까? 우선 긍정적인 방식으로 대화를 이끌어야 한다. 엄마가 할 일은 아이가 집안일을 도우면서 불평하지 않는 상황을 만들기 위해 주의를 기울여야 한다. 가장 간단한 방법은 엄마가 "너 왜 또 그랬니?" "한 번도 엄마 말을 안 듣는구나." "몇 번을 이야기해야 알아 듣겠니?" 등의 말을 하는 대신 부탁을 하거나 도와준 것에 대해 고맙다고 말을 해주면 된다. 단지 표현을 달리함으로써 아이가 엄마를 돕는 일이 일상적이고 지겹다는 느낌 대신 긍정적인 색깔을 갖도록 해주는 것이다.

이 같은 주제에 대한 열아홉 살 여자아이의 예를 들어보자.

> 우리 아빠는 군인입니다. 정리 정돈과 원칙보다 중요한 것은 없다고 생각하죠. 저는 청소나 설거지를 잘 하는 편이 아니었지만 아빠와의 관계는 원만한 편이었어요. 그렇게 지내던 어느 날, 아마도 제가 열세 살이 될 무렵이었을 거예요. 아빠가 저를 조용히 부르시더군요. 그리곤 대뜸 "레나, 너 아빠하고 사이가 좋지?"라고 물으셔서 저는 "응"하고 대답했죠. 그러자 이번에는 "그래 그렇구나. 그리고 아빠가 집에서 편하게 쉬었으면 좋지 않겠니?"라고 물으셔서 저는 "물론이지, 아빠."라고 대답했어요. 대답이 끝나자 아빠는 내 등을 어루만지면서 이야기했어요. "네가 그렇게 생각한다면 내가 한 가지만 부탁을 해도 되겠구나. 아빠는 집에 돌아와서는 편안하게 쉬고 싶구나. 아빠는 집안이 정리정돈 되어 있으면 편안하고 그렇지 못할 때는 좀처럼 쉴 수가 없더구나. 특히 설거지가 잘 되었을 때는 몸도 마음도 너무 편안했어. 우리 레나가 조금만 도와주면 좋겠

다. 어때?" 그때부터 저는 거의 매일 설거지를 하고 있어요. 아주 정성껏 말이죠.

물론 실제로는 모든 것이 이렇게 간단히 이루어지지는 않을 것이다.

5. 아이의 성장기회를 빼앗는 '지나친' 사랑과 배려

아이를 교육시키고 기르면서 부모님들과 선생님들이 공통적으로 느끼는 가장 큰 고민이 있다. 그것은 아이가 자유와 자율에 대해서 요구했을 때 용납할 것인지 거절할 것인지, 용납한다면 어디까지 용납을 해주어야 할 것인지를 판단하는 일이다.

아이가 스스로 행동할 수 있도록 내버려둔다면, 즉 아이가 하고자 하는 일에 아무런 간섭도 하지 않는다면 아이는 스스로 많은 것을 배우고 경험하게 된다. 유명한 교육자이자 아동심리학자인 마리아 몬테소리는 이미 100년 전부터 이러한 사실을 알고 실천했다. 그녀의 말에 의하면 아이가 발전을 위해 스스로 노력하는 것은 본능이며 '내적인 요구'에 의해서 자연스럽게 발현된다는 것이다. 바로 이 내적인 요구에 대해서 우리는 아주 조심스럽게 접근해야만 한다.

몬테소리가 들려주는 하나의 예를 보자. 이 이야기에서 몬테소리는 자신이 어떻게 아이들에 대한 올바른 이해에 이르게 되었는지에 대한 설명도 곁들이고 있다.

> 한번은 물이 가득 담긴 커다란 대야 주위에 아이들이 모여 있었다. 물 위에는 장난감이 몇 개 떠 있었고 아이들은 웃고 떠드느라 정신이 없었다. 그 와중에 혼자서 한쪽에 서 있는 아이

가 있었는데 두 살 반 된 남자아이였다. 나는 그 아이를 주의 깊게 관찰했다. 아이의 얼굴에는 뭔가 궁금해서 못 견디겠다는 표정이 역력했다. 즐겁게 노는 아이들의 무리에 끼려고 노력했지만 다른 아이들에 비해서 너무 작았던 아이는 대야 안에 떠 있는 장난감을 볼 수가 없었다. 결국 아이는 다시 한쪽 구석으로 물러났다. 순간 아이의 얼굴 표정이 재미있게 변했다. 그때 손에 사진기가 없는 것이 정말 안타까웠다! 아이의 시선은 의자로 가 있었다. 아이는 아마도 의자를 아이들이 서 있는 곳으로 옮기고 그 위에 서려고 마음먹은 것 같았다. 아이는 환한 얼굴을 하고 의자가 있는 쪽으로 걸어갔다. 바로 그때 한 선생님이 아이의 손을 확 낚아챘다. 그 선생님은 다정하게 잡았다고 했다. 그리고 다른 아이들의 머리 위로 아이를 들어 올려 대야 안을 보여주며 말했다.

"여기, 아가, 여기를 보렴!"

아이는 물 위에 떠 있는 장난감들을 쉽게 볼 수 있었다. 하지만 자신의 힘으로 장애를 극복하고 대야 안을 보게 되었을 때의 그 기쁨을 맛보지는 못했다. 대야 안에 무엇이 있는지를 보려고 애쓰는 과정에서 아이는 성장하게 된다. 그런데 갑자기 나타난 선생님이 아이의 성장을 방해하고 만 것이다. 아이는 자신이 승자임을 느끼려고 하는 순간에 두 손을 포개고 안겨

야만 했다. 아이의 얼굴에 가득했던 기쁨, 흥분 그리고 희망의 표정이 사라졌다. 그리고 나는 누군가의 도움을 기대하는 바보 같은 표정으로 바뀐 아이의 얼굴을 봐야 했다.

몬테소리가 지적한 몇 가지 생각을 정리해 보자.

- 아이에게는 장애물을 스스로 넘어서는 것이 중요하다.
- 이러한 노력은 아이의 정신적인 능력개선을 향상시킨다.
- 아이는 막 승자임을 느끼려고 했지만 선생님이 아이를 방해했다.
- 기쁨이 가득했던 아이의 표정이 누군가의 도움을 기다리는 바보 같은 표정으로 바뀌었다.

이 마지막 문장에서 몬테소리는 아주 중요한 것을 지적했다. "행동의 자유를 빼앗는 것은 성장의 기회를 박탈하는 것이다." 어른들은 왜 이런 행동을 하는 것일까? 거기에는 두 가지 이유가 있다. 하나는 부모의 섣부른 노파심이고 다른 하나는 아이가 필요하다고 느끼게 만들거나 아이에게 강제로 하도록 만들어야만 아이가 배우게 될 것이라는 잘못된 믿음 때문이다.

6. 섣부른 노파심

처음 걸음마를 시작한 아이를 둔 젊은 부부에 대한 이야기이다.

마침내 딸아이가 걸음마를 시작했다. 당연히 엉덩방아를 찧기도 하고 고꾸라지기도 했지만 우리 부부는 그것에 대해서 크게 염려하지 않았다. 넘어지고 구르는 정도가 딸아이에게 아무런 문제가 되지 않는다고 생각했기 때문이다. 2미터의 높이에서 떨어지는 것이 아니지 않은가. 물론 딸아이도 별로 개의치 않는 것 같았다. 게다가 딸아이는 본능적으로 몸을 구부려 엉덩이로 몸을 보호하며 잘 넘어지고 있었다.

우리는 휴일을 맞아 아이를 데리고 부모님 집에 놀러 갔다 왔다. 그런데 그 후부터 끔찍한 일이 벌어지고 말았다. 딸아이가 몸을 구부리지 않고 그대로 머리가 바닥에 닿도록 넘어지는 거였다. 우리는 왜 그렇게 되었을까 생각해보았다. 원인은 할머니의 손녀에 대한 배려였다. 아이가 걸음마를 시작하면 할머니는 계속해서 아이의 뒤를 쫓아다니면서 아이가 균형을 잃으면 잡아주기를 반복했다. 아이는 금방 조심성도 없어지고 넘어지면서 자기 보호 본능을 발휘하지 않게 된 것이다. 모든 것을 다시 시작해야만 했다.

할머니는 손녀를 너무나 사랑한 나머지 아이의 본능적인 힘을 믿지 않았다. 그 지나친 배려와 사랑이 손녀에게 피해를 주게 되었다. 다행히 부모는 그것을 재빨리 알아차렸고 바로 고쳤다. 하지만 모든 일이 항상 이렇게 되지는 않는다.

때때로 부모들의 지나친 '걱정'은 아이를 숨도 쉬지 못하게 만든다. 그런 상황의 대부분은 아이에 대한 몰이해에서 시작된다. 언젠가 한 가족을 관찰한 적이 있었다. 여자 아이, 엄마, 유모 그리고 할머니가 그 가족의 구성원이었다. 엄마와 할머니의 원칙은 아이를 잠시라도 혼자 있게 놔두지 않는 것이었다. 아이가 놀고 있으면 아이의 옆에 앉아 있었고 잘 안 되는 일은 즉시 도와주었다. 그리고 이들은 아이를 화나게 해서도 안 된다고 생각했다. 만약 아이가 울면 원하는 것을 줘서 울음을 멈추게 했다. 이 아이는 아주 오랫동안 걸음마를 배워야 했다. 왜냐하면 항상 아이 뒤를 쫓아다니며 붙잡아 주는 어른이 있었기 때문이다. 30개월이 지나고 아이가 마당에서 뛰어놀 때에는 유모가 아이에게 붙어 다녔다. 만약 유모가 아이에게서 조금이라도 떨어져 있으면 엄마가 야단을 치며 잔소리를 했다. 이 아이는 자립심도 없고, 아무것도 할 줄 모르는 모난 성격의 소녀로 자랐다.

아이에 대한 걱정과 배려는 반드시 필요하다. 하지만 얼마나 자주, 그리고 어느 정도인지가 중요하다. 유모나 할머니가 없다면 문제는 달라질 수 있다. 엄마가 지친 동안 아이는 잠시 억압에서 벗어날 수 있기 때문이다. 하지만 위에서 살펴본 것과 같은 경우에는 마치 릴레이 경기를 하듯 24시간 내내 이 사람에게서 다른 사람에게로 걱정이 전달된다. 그리고 아이는 한시도 자유롭지 못한 억압상태에 놓이게 된다.

학교를 가기 전까지의 아이에게 자유로운 시간은 다른 시간에 비해서 그렇게 중요하지도 많지도 않다. 유치원이나 어린이 집에서의 관리가 집에서의 관리와 연결이 되기 때문이다. 하지만 학교를 들어가게 되면 아이는 점차 개인적인 시간에 대해서 꿈을 꾼다. 이럴 경우에 걱정을 지나치게 많이 하는 부모들은 다시 아이의 성장을 방해한다. 이런 부모들은 '아이가 장난치지 말고 공부를 잘하기를' 걱정하고 또 걱정한다. 이러한 걱정이 필요 이상으로 많아지게 된다. 그런 아이에게는 무슨 일이 일어날까?

7. '내적 동기'는 어떻게 만들어지는가?

부모들은 자신의 아이가 공부나 운동 또는 음악이나 미술에서 재능이 있는지에 대해서 궁금해 한다. 그리고 아이에게서 약간의 재능이라도 발견되면 성공적인 결실을 맺기 위해 모든 노력을 한다. 순종적이고 이해력이 뛰어난 아이의 경우 부모의 기대에 부응하기 위해 최대한의 노력을 기울인다. 이런 과정이 오랫동안 지속될 수는 있다. 하지만 부모들이 원하는 방향으로 일이 이루어지는 경우는 극히 일부에 불과하다.

사실 이런 일은 우리 주변에서 너무 흔하게 목격된다. 내게 가장 인상적으로 남아 있는 것은 음대에 수석 입학한 후로는 한 번도 피아노 연주를 하지 않는다는 여자아이의 이야기였다. 그 아이는 왜 피아노를 거부한 것일까? 음대에 진학하기 위해 매일 몇 시간씩 수년 동안이나 계속해서 쳤던 피아노를 말이다!

그 이유는 생각보다 간단하다. 왜냐하면 이 여자아이가 피아노를 친 동기가 온전히 '외부'에 있었기 때문이다. 이 여자아이는 부모의 기대에 부응하기 위해, 부모를 화나게 만들지 않기 위해, 선생님의 관심을 끌기 위해, 그리고 음대에 진학하지 못할까봐 두려워서 피아노를 쳤다. 결과적으로 음대에 합격한 후, 즉 모든 외부 압력이 사라지자 이 아이에게는 피아노를 쳐야할 아무런 의미도 목적도 남아있지 않게 된 것이다.

아이들을 기르고 가르칠 때 우리는 아이들이 '진정으로 원하는 것' 이 무엇인지에 대해 관심을 갖고 생각해볼 필요가 있다. 위에서 본 여자 아이의 경우 본인 스스로, 그리고 아이의 부모는 '무엇을 위해서 그 많은 시간동안 노력을 기울인 것일까?' '그렇게 보낸 시간들은 도대체 무슨 의미가 있는 걸까?' 라는 질문을 만나게 된다.

이에 대한 답으로 알버트 아인슈타인의 말을 인용해 보자.

> 현대의 교육 제도 아래에서 아이들이 공부에 흥미를 잃지 않는다는 것은 기적과도 같은 일이다. …… 부족함과 필요함에 대해 깨닫게 만드는 것이 '찾는 것' 과 '아는 것' 에 대한 기쁨을 줄 수 있다고 생각하는 것은 아주 심각한 잘못이다. 건강한 육식 동물도 계속해서 똑같은 고기만을 강제적으로 먹이려 한다면 음식물의 섭취를 거부할 것이다. 그들이 원하지 않는 음식을 강제로 먹게 할 경우는 말할 필요도 없다.

당위當爲는 아이들이 자발적으로 학습에 대해 관심을 가질 수 있는 기회를 봉쇄한다. 아이에게서 '찾는 것과 아는 것에 대한 기쁨' 을 빼앗기 때문이다. 결과적으로 아이는 자신의 길을 선택하거나 자신에게 중요한 어떤 것을 고를 수 있는 아무런 준비도 할 수 없게 되는 것이다.

8. 내적 동기의 탄생

유명인사 또는 사회에서 성공한 사람들의 대부분이 엄격한 교육을 받은 경우가 많다는 것은 이미 잘 알려진 사실이다. 그중 대표적인 것이 바이올리니스트이며 작곡가인 니콜로 파가니니이다. 내 논리에 반대 입장을 가진 사람들은 파가니니의 예를 보면서 내 이론이 잘못되었다고 반박했다. 그런데 정말로 그럴까?

파가니니의 생애를 보면 그의 아버지는 아주 엄격했다고 한다. 아버지는 아들에게 하루 종일 바이올린 연습을 시켰다. 연주가 잘못되었거나 게으름을 피우면 회초리로 손가락을 때렸으며, 심지어 방에 가두기까지 했다. 어린 파가니니가 몰래 도망쳐서 항구의 모래사장에서 놀기라도 한 날이면 아버지의 체벌은 극에 달했다. 파가니니의 회고록에는 다음과 같은 기록이 남아있다.

> 내 아버지보다 더 무서운 사람을 나는 상상조차 할 수 없었다. 아버지는 내가 연습을 제대로 하지 않는다고 생각되면 음식도 주지 않고 굶겼다. 나는 수없이 많은 체벌을 받아야 했고 그것은 내 건강에도 적잖은 영향을 끼쳤다.

그럼에도 이 어린 아이는 어떻게 바이올린 연주를 싫어하지 않았을까? 우리는 그 대답 역시 파가니니의 회고록에서 찾을 수 있다. 일곱 살쯤 되었을 때 파가니니는 교회에서 들려오는 오르간 소리에 매혹되었다. 그는 오르간 소리에 완전히 빠져서 다른 모든 것을 잊어버렸다. 바로 이 순간 그는 자기 운명의 키를 손에 쥐었던 것이다. 그때 이후로 파가니니는 바이올린에 매료되었고 그것은 시간이 지날수록 더욱 깊어만 갔다. 그에게는 이미 음악이 인생의 의미가 되어 있었다.

> 나는 악기에 심취해 있었다. 무언가 새롭고 완벽한 것을 만들기 위해서, 이전 어느 누구도 시도하지 못했던 손 모양을 만들어서 사람들을 놀라게 할 소리를 만들기 위해서 쉬지 않고 연습을 했다.

이 아이에게는 무슨 일이 있었던 것일까? 아이는 음악에 매료되었고 감동했다. 고양된 감정으로 인해 행복, 환희의 느낌을 가지게 되었다. 그러한 상황은 아이를 독려하고 스스로 무언가를 할 수 있다는 동기와 자신이 원하는 것을 찾는데 집중할 수 있도록 만든다. 결과적으로 아이는 자기 존재의 의미를 깨닫게 된다. 이러한 것을 심리학적 언어로는 '견고한 내적 동기의 탄생' 이라고 한다.

특히 이런 내적 동기는 커다란 에너지원으로 작용한다. 이때 만들어진 에너지는 원대한 목표를 달성하기 위한 동력일 뿐만 아니라 혹

독한 훈련을 포함한 수많은 어려움을 극복하는 힘의 원천이 된다. 아무리 어려운 훈련도 아이에게 너무나 중요한 음악에 대한 관심을 막을 수 없다. 파가니니의 방식으로 표현하면 이렇게 된다. 누군가 손가락을 때릴 수 있다. 하지만 나는 참을 수 있다. 나는 연주를 잘 하고 싶기 때문이다. 세상에서 가장 중요한 것은 바이올린을 연주하는 것이고 사람들을 놀라게 하는 천상의 소리를 만들기 위해서라면 이 정도의 고통이나 어려움은 아무것도 아니다.

'파가니니의 비밀'은 이렇게 풀 수 있다. 그가 위대한 바이올리니스트가 된 것은 그의 첫 번째 선생님인 아버지가 강요하고 체벌을 했기 때문이 아니다. 오히려 파가니니는 강요당하고 체벌 당했음에도 불구하고 위대한 바이올리니스트가 된 것이다. 음악에 대한 파가니니의 관심과 의지는 그의 생에 많은 영향을 끼친 어떤 가혹한 훈련보다도 더 강했던 것이다. 그런 의미에서 파가니니는 이미 어린 나이에 자신의 재능을 꽃 피울 준비가 되어 있었던 것이다.

유명인사 또는 사회에서 성공한 사람들의 대부분이 엄격한 교육을 받았기 때문에 그렇게 된 것이 아니다. 그들은 그런 엄격한 교육을 받지 않았다면 오히려 더 훌륭한 능력을 발휘할 수 있었을 것이다. 하지만 애석하게도 강요와 강제로 인해서 오히려 그들의 재능을 활짝 피우지 못한 면이 더 있다.

이 이야기의 결론을 비유적으로 표현해보자.

"자유로운 창작의 꽃은 아스팔트의 억압을 뚫을 수 있다."

하지만 아스팔트는 꽃이 피는데 좋은 조건이 아니다. 우리가 분명하게 기억해야 할 한 가지가 있다. 이 조건 속에서는 대부분의 꽃들이 피지도 못하고 생을 마감한다는 것이다.

9. 자유와 자율 속에서 규칙을 배우는 아이들-서머힐의 예

아이들의 자율과 자유를 존중하는 교육을 해야 한다고 이야기하면 부모님들과 선생님들은 어김없이 이렇게 질문을 한다. "아이에게 강요하지도 않고 고쳐주지도 않는다면 도대체 어떻게 교육을 시킬 수 있다는 말인가?" "도대체 그런 교육을 위한 기본원칙은 무엇인가?"

그리고 내가 한 많은 이야기에 대해 조목조목 반대하는 사람들도 많다. 반대의 이유 역시 매우 다양하지만 몇 가지만 살펴보자. "아이는 배우고 습득하며 책임감과 의무감을 키워야 한다. 만약 아이에게 아무것도 강요하지 않는다면 어떻게 이런 많은 것들을 가르칠 수 있는가?" "물론 당신이 이제까지 열거한 교육의 내용과 목표 자체는 문제가 없다. 그리고 당신이 말한 아이들의 권리에 대한 가장 기본적인 원칙은 어느 나라이건 '어린이 헌장'으로 보호되고 있다. 하지만 방법론적인 면에 있어서 의구심이 드는 것은 사실이다."라고 사람들은 이야기를 한다. 다음의 예를 통해서 그런 분들에게 대답을 하고자 한다.

영국의 교육자이며 심리학자인 알렉산더 닐은 아이들의 자율과 자유에 대해 40년에 걸친 독보적인 실험을 했다. 1920년대에 그는 '문제아'들을 위한 기숙학교를 설립했다. 생활수칙과 학습에 대해 엄격한 규칙을 적용하는 일반학교와는 달리 자율과 자유의 원칙에 따라

학교를 운영했다. 가장 특징적인 것은 아이들의 수업 참여가 필수가 아니라 선택이라는 것이다. 아이들은 자기가 원하는 과목을 골라서 수업에 들어가면 되고 만일 원하지 않는다면 수업에 빠져도 누구도 상관하지 않았다. 결과는 어떻게 되었을까?

알렉산더 닐은 그 결과를 『서머힐-자유로운 교육』이라는 책에 남겼다.

> 서머힐에 새로 들어온 학생들은 이 규칙을 알고 난 후 너무나 기뻐했다. 자신들은 이제 더 이상 그 바보 같은 수업을 듣지 않겠다고 말했다. 새로 온 아이들은 계속 놀기만 했다. 자전거를 타기도 하고, 공을 차기도 했지만 때때로 다른 아이들이 공부하는 것을 방해하기도 했다. 수업은 정말로 하나도 듣지 않았다. 실제로 아이들은 몇 개월 동안 그런 생활을 지속했다.
>
> 아이들의 거부 반응은 이전 학교에서 어떤 식으로 공부를 했느냐에 따라서 그 정도가 다르게 나타났고 '치료'를 하는 데 걸린 시간도 천차만별이었다. 내가 기억하기로 가장 오랫동안 수업을 듣지 않은 기록은 신학교神學校에서 공부를 했던 한 여자아이가 세웠다. 이 여자아이는 3년 동안 아무 일도 하지 않았다. 일반적으로 아이들이 수업을 듣기까지 걸리는 시간은 세 달 정도였다.

고학년들의 경우 대부분은 자신들이 이제껏 배우지 못한 것들을 서머힐에서 빠르게 습득해 나갔다. 그리고 이렇게 자유로운 상태를 경험한 아이들에게는 놀라운 일이 일어났다. 이 결과에 대해서는 **Chapter 04**에서 구체적으로 살펴볼 것이다. 분명한 것은 알렉산더 닐이 성취한 결과는 '기적'에 가까웠고 심리학적 발견은 훌륭했다는 사실이다.

우리는 아이의 선택을 믿고 기다려야 한다

아이들은 어른들보다 자신의 욕구에 충실한 편이다. 장난감을 갖고 싶다거나 먹지 않을 사탕을 사달라고 떼를 쓰기도 한다. 청소나 설거지를 할 때나 심지어 출근하는 엄마를 붙잡고 놀아달라거나 안아달라며 매달리기도 한다. 물론 아이들이 언제나 자기 자신의 요구만 강요하지는 않는다. 어떤 경우에는 믿을 수 없을 정도로 '성숙하게' 자신의 욕구를 자제하고 어른들이 원하는 것을 수용하기도 한다. 혼자서 즐거워하기도 하고, 친구나 형제들에게 자신의 것(이를테면 장난감 같은 것)들을 양보하기도 한다. 이 모든 과정을 빠른 시간에 가르치려는 부모님들이 생각보다 많다. 하지만 아이의 이런 행동이 '자신의 가르침' 때문이라고 생각하는 것은 어른들의 착각일 뿐이다.

'학습'의 주인공은 언제나 아이일 수밖에 없다. 아이가 원하는 것이 있으면 좋은 일이지만, 그렇지 않을 때에는 부모가 하나를 고르기보다는 아이가 관심을 가질 만한 것으로 2~3가지의 선택지를 제시해 줄 수는 있다. 하지만 선택은 반드시 아이 자신의 몫이어야 한다. 아이가 선택한 것이 반드시 교과와 관련 있어야 하는 것은 아니다. 아이가 선택한 후에 부모는 아이의 선택을 믿고 기다려야 한다. 왜냐하면 자발적인 행동 이외에 아이가 자신의 모든 능력을 발휘하는 일은 없기 때문이다.

CHAPTER 04

아이들을
이해하기 위한
‘비밀들’

Chapter 03에서 우리는 아이들의 생활, 내부의 경험, 행동 발달에 대한 이해 등을 일반적인 심리학의 메커니즘 속에서 이야기했다. 이제 아이들과 함께 살고 있는 어른들의 행동에 대해 알아보도록 하자.

어른들이 성장하는 아이들을 위해 할 수 있는 것은 무엇이 있을까? 어른들은 무엇 때문에 아이들의 교육과 성장에 관심과 노력을 기울이는 것일까? 우리는 이미 아이들의 행동 연구와 심리학적 지식을 동원해서 이 문제에 대한 몇 가지 간단한 대답을 들었다. 이 장에서는 훌륭한 심리학자, 교육자 그리고 부모들의 예를 통해 그들은 현실 속에서 어떻게 이 문제를 해결했는지 구체적이고 자세하게 알아보겠다. 이들은 각기 다른 장소, 다른 시간, 다른 위치에서 있었지만 그들이 우리에게 전달하고자 하는 내용은 한결같다. 아이가 자신이 가진 능력을 훌륭하게 발휘하는 데에는 아이들에 대한 어른들의 올바른 이해가 결정적인 역할을 한다는 것과 아이들의 자유로운 생각과 자율적인 생활을 보장하기 위해서는 때때로 전통적인 교육방법을 거부하는 용기를 발휘해야 한다는 것이다.

이들이 전하는 경험은 실제로 아이들의 문제 때문에 고민하는 부모님들과 선생님들께 문제를 해결할 수 있는 실마리가 될 것이다.

1. 삶을 억압하지 마라 : 마리아 몬테소리

> 불행하게도 우리는 아이들의 직접적이고 자발적이며 자신을 적극적으로 표현하려고 하는 행동을 억압했을 때 어떤 결과가 발생할지 정확하게 알지 못하고 있다. 어쩌면 우리는 아이들의 삶을 억압하고 있다는 것 자체도 모르고 있을 수도 있다.

마리아 몬테소리의 이 말은 그녀의 교육이념을 실천하고자 하는 사람들의 좌우명이 되었다. 몬테소리는 자신이 설립한 학교에서 아이들이 원하는 일을 할 때 방해 받지 않도록 교사(몬테소리는 선생님들을 'tutor'라고 하였다.)들에게 특별한 것들을 요구했다. 교사들이 몬테소리의 요구를 받아들이는 것은 쉽지 않았다. 그리고 그 요구를 이해하지 못한 교사들은 어김없이 "그렇다면 우리는 여기에 왜 필요한 건가요?"라고 물었다. 몬테소리는 그런 질문을 들을 때마다 단 한 가지를 요구했다. '아이들을 관찰하라.'는 것이었다. 그리고 몬테소리 자신은 아이들이 관심을 가질 만한 수많은 교육방식과 과제들을 준비했다.

몬테소리가 준비한 아이들을 위한 과제 중의 하나를 보자.

> 지름이 서로 다른 열 개의 구멍을 원형으로 뚫어 놓은 나무

판과 크기가 서로 다른 원통형 나무토막 열 개가 있다. 이 열 개의 원통형 나무토막은 각각 열 개의 구멍에 맞게 만들어졌다. 처음에는 교사들이 아이들 앞에서 열 개의 원통형 나무토막을 모두 나무판의 구멍에 넣는 것을 보여준다. 그리고 원통형 나무토막을 모두 꺼낸 다음 아이들에게 다시 나무토막을 구멍 안에 넣게 하는 것이다.

2~4세의 아이들은 이 놀이에 금방 빠져든다. 아이들은 이 놀이를 통해 재미있게 노는 동시에 눈짐작, 정확한 손동작, 주의력, 자신의 잘못에 대한 수정 등 많은 훈련을 할 수 있다. 그 중에서 가장 중요한 것은 최종 목적을 달성하기 위해 여러 가지 경우의 수를 생각하고 정답을 찾아가는 '논리력' 훈련이다. 예를 들어 구멍에 원통형 나무토막이 들어가지 않는다면 다른 구멍을 찾아야만 한다. 나무토막이 들어가는 더 큰 구멍을 찾아야 하는 것이다. 하지만 더 이상 나무토막이 들어갈 구멍이 없다면 그것은 이미 커다란 구멍 속에 작은 나무토막을 넣었기 때문이라는 것을 알게 된다. 이런 식으로 아이들은 자신의 잘못을 수정한다. 아이들은 몇 시간이 지나는 동안 점차 구멍에 꼭 맞는 원형 나무토막이 무엇인지 찾을 수 있게 된다.

이 놀이를 열여섯 번이나 반복하고 있는 네 살짜리 아이 한 명을 관찰하던 중 나는 일부러 다른 아이들에게 노래를 부르라고 시켜 보았다. 아이의 관심을 돌려보려는 것이었다. 하지만 이 네 살짜리 꼬마는 노랫소리가 들려도 꼼짝 하지 않고 자리에 앉아 있었다. 꼼짝 않고 앉아서 나무토막에 맞는 구멍을 열심히 찾고 있을 뿐이었다.

이때 아이들 옆에 있는 어른들은 무엇을 해야 할까? 몬테소리는 가장 평범하게 '아이들의 삶과 영혼을 지도해주는 것' 이라고 대답한다. 단지 한 가지 주의할 것이 있는데 아이의 개별적인 행동을 지도해서는 안 된다는 말을 덧붙여서 말이다.

조금만 더 자세히 살펴보자. 우선 우리는 아이에게 자유를 주어야 한다. 아이가 당장 하고 싶은 일을 할 수 있도록 만들어 주어야 한다는 것이다. 다음으로는 주위를 풍요롭게 만들어 주어야 한다. 몬테소리는 '환경' 이 아이에게 스스로 행동할 수 있는 힘을 준다고 생각했다. 그래서 아이의 성장 속도에 맞추어서 가능하면 다양한 환경을 만들어 주려고 애썼다. 우리 역시 아이의 주위를 놀이와 장난감, 그리고 다양한 과제 등으로 채워주면 된다. 원통 나무 조각의 구멍을 찾는 놀이에서 본 것처럼 우리는 단지 주어진 것으로 무엇을 할 수 있는가를 보여주기만 하면 된다. 아이들은 어떻게 하는 것인지 보여주기만 해도 혼자서 충분히 놀이를 즐길 수 있기 때문이다. 나머지는 모두 아이가 스스로 하는 것을 지켜보기만 하면 된다. 이때 어른들의 참견은 아주 조심스럽게 방법적인 측면을 생각하면서 이루어져야 한다.

실제로 아이에게 스스로 성장할 수 있도록 자유를 주어야 한다는 원칙 하나만 제대로 잘 지켜도 아이의 성장과 발전은 눈으로 확인할 수 있을 만큼 놀라운 결과를 가져올 뿐만 아니라 아이는 스스로 원칙을 만들고 지켜나가게 된다.

이제 왜 이런 일이 벌어지는지 관계의 메커니즘에 대해서 생각해 보자. 아이 스스로 어떤 것을 선택했다는 것은 아이가 그것에 관심을 나타낸 것이다. 이것은 다양한 측면에서 아이에게 도움이 된다. 대부분의 경우 아이는 자신이 선택한 일에 대해 좋은 결과를 얻기 위해 더 많은 노력을 기울인다. 아이는 끈기를 가지고, 놀라운 집중력을 발휘하면서 고집스럽게 그 일을 해나간다. 이때 나타나는 노력, 집중력, 고집은 아이가 관심을 가지고 있기 때문에 나타나는 자연스러운 현상이다. 그리고 그 일을 진행하는 동안 아이에게는 '내부의 원칙'이 생겨나게 된다. 여기에서 말하는 원칙은 필요한 행동을 실행하는 능력이자 목표를 달성하기 위해 행동을 조직화하는 능력이다.

그러므로 과제에 대한 집중과 성공에 대한 아이의 욕심은 원칙적이어야 한다. 원칙이 없다면 아이는 무엇을 할지, 어떻게 해야 할지 모르기 때문이다. 최악의 경우에는 자신이 하는 일을 스스로 방해하게 될 수도 있다. 몬테소리는 이러한 아이들의 '행동 원칙'에 반대되는 것, 즉 선생님의 의지에 따라서 단순하게 복종하는 것을 '소극적인 원칙'이라고 이야기한다.

이런 것들과 함께 몬테소리의 학교에는 무조건적인 원칙이 한 가지 있다. 그것은 어떤 경우에도 다른 아이의 행동에 방해가 되는 행동을 엄격하게 금하는 것이다. 이것들이 모여서 결과적으로 몬테소리의 학교에서는 또 하나의 '기적' 이라고 할 수 있는 '자유로우면서 평화롭고 선한, 서로가 서로에 대해서 걱정을 하는 아주 특별한 관계' 가 만들어졌다.

2. "아이의 입장에서 '사건'을 관찰하라." - 알렉산더 닐

알렉산더 닐이 설립한 학교인 서머힐에는 여섯 살에서 열여섯 살까지의 아이들이 함께 생활했다. 그들의 대부분은 '골치 아픈 아이' 또는 '문제아'로 분류되는 아이들이었다. 닐의 주장에 의하면 골치 아픈 아이는 불행한 아이이다. 이런 불행한 아이들이 행복한 아이들로 돌아올 수 있도록 최선의 노력을 기울이는 것이 서머힐의 가장 중요한 과제였다. Chapter 03에서도 이미 이야기했듯이 서머힐에서는 원하지 않으면 수업에 들어가지 않아도 아무런 문제가 되지 않았다. 아이들은 원 없이 놀았고, 하고 싶은 일을 하고 싶을 때 했다. 아이들이 수업에 들어가기까지는 어느 정도의 시간, 몇 주일, 몇 달, 때로는 몇 년(!)이 필요했다. 하지만 서머힐의 아이들이 수업에 들어가는 이유는 분명했다. 수업이 있고, 당연히 수업을 들어야 하는 것이기 때문이 아니라 아이들 스스로 무언가를 배워야겠다는 마음이 생겼기 때문에 수업에 들어갔다. 아이들은 수업, 즉 학습을 비롯한 다른 모든 행동에서도 그렇게 자유롭게 생활했다. 그러자 아주 재미있는 현상이 나타났다.

> 나는 구속과 억압에 대한 결과를 세 명의 학생들에게서 보았다. 모두 일반학교의 고학년 과정을 다녔거나 신학교에서 공

부했던 학생들이었다. 이 아이들은 거짓말을 생활화하고 있었으며 사람들을 대할 때는 지나치게 공손한 행동을 했다. 나는 이 아이들이 자유를 손에 넣었을 때의 행동을 미리 예견할 수 있었다. 처음 2주 동안 아이들은 깍듯했다. 깨끗하게 씻고 다녔으며 문 앞에서 선생님과 부딪히면 문을 잡아주기도 하고, 나를 만났을 때는 항상 공손하게 '선생님'이라는 호칭을 붙였다. 아이들은 나를 '존경의 눈빛'으로 쳐다보았지만, 그 눈빛에는 두려움이 가득했다. 이곳에서 자유롭게 처음 2주의 시간을 보낸 아이들은 곧 자기들의 숨겨진 모습을 드러내기 시작했다. 씻지도 않고 거칠어졌다. 그동안의 공손함은 전혀 찾아볼 수 없었다. 이들은 이전에 다닌 학교에서 금지했던 모든 행동들을 다시 하기 시작했다. 음담패설과 욕설을 해댔고 담배를 피웠으며 학교의 기물들을 마구 부수기도 했다. 하지만 그 아이들의 행동과 달리 눈빛과 목소리에는 여전히 공손함이 남아 있었다.

그들이 위선과 결별을 하는데 반년이라는 시간이 필요했다. 이 기간 동안 아이들은 '권력'을 가지고 있는 사람들에게만 존경심을 나타내면서 생활을 했다. 그렇게 6개월이 지난 후, 아이들은 진정한 의미의 건강한 아이들로 새롭게 태어났다. 아무에게나 화를 내거나 욕을 하지 않았으며 자신들의 생각을 말하기 시작했다.

이 결과는 사람들을 놀라게 했고, 수많은 질문들이 쏟아져 나오게 만들었다. 무엇보다도 아이들은 왜 '자유로운 시간'을 거친 후에야 공부를 시작하는 것일까? 왜 '가식적인 공손함'의 기간이 지나고 난 후에는 거칠고 반항적인 행동을 하는 기간을 거치는 것일까? 그리고 왜 이 반항적인 기간을 거친 다음에야 비로소 건강한 아이가 되는 것일까? 왜 아이들에게 꼭 자유를 주어야만 할까? 자유라는 것은 어떤 의미일까? 그리고 그곳에 어떤 심리학적 메커니즘이 숨어있는 것은 아닐까?

알렉산더 닐은 이 모든 질문에 대해서 답하고 있다. 우선 그가 생각하는 중요한 근본이유가 무엇인지 알아보자.

> 우리는 아이들에게 자유를 주어서 스스로 행동할 수 있는 학교를 세웠다……. 우리에게 필요한 것은 오직 아이들에 대한 믿음뿐이었다. 아이의 본성은 악이 아니라 선이라는 것이다. '아이들의 천성은 선하다.'는 믿음은 나를 한 번도 배신한 적이 없었다. 뿐만 아니라 40년이 지난 지금 나는 더욱 확신을 가지게 되었다.

아이들은 천성적으로 착하다는 것이 닐의 생각이다. 다른 책에서도 그는 아이들이 현명하고, 공정하며, 착하다고 이야기하고 있다. 그렇다면 아이들의 거짓말과 도둑질 그리고 행패는 어떻게 설명할 수 있을까? 닐은 강요와 체벌 때문이라고 대답한다. 아이에게 굳이 싫다는 것을 강요하거나 잘못에 대해 체벌을 함으로써 부모 혹은 선생님은 아이에게 폭력을 행사하게 된다. 모든 폭력은 필연적으로 증오를 동반하게 된다. 벌을 주는 부모도 벌을 받는 아이도 똑같이 이런 나쁜 감정을 쌓아가게 된다. 치욕, 분노 그리고 증오가 쌓이면 아이는 부모와 사회 그리고 자기 자신의 목소리에 귀를 기울이지 않는다. 아이는 반항적인 행동을 통해 어른들의 폭력에 맞서고 결국 '비뚤어질 테야.' 라는 자포자기의 심정이 되는 것이다. 많은 아이들이 이런 과정을 거쳐 '불행한 아이' 로 성장한다. 그리고 부모와 아이는 다음과 같은 악순환의 덫에 빠지게 된다.

- 어른들은 아이들을 올바른 행동으로 이끌기 위해서 간섭과 강요, 비판, 억압, 체벌을 한다.
- 이런 어른들의 행동은 아이들에게 부정적인 감정을 불러일으키고 저항하게 만든다.
- 어른들은 더욱 화를 내며 간섭과 강요의 강도를 높인다.
- 아이들의 마음 속에는 치욕과 증오의 감정이 자라는데 그 기반

에는 모든 것에 대한 분노가 자리잡게 된다(물론 항상 그렇게 느껴지는 것은 아니다). 공부를 등한시 하며, 어른들의 말이라면 무조건 저항하기 시작한다. 결국 어른들의 가치 평가를 비난하며 반항적인 행동을 하게 된다.

- '교육자'의 강요와 체벌에 대해 아이들은 더욱 강하게 저항하고 반항한다. 이런 행동이 되풀이 되면서 주위 사람들 모두가 지치게 된다.

결론적으로 아이는 더욱 더 말을 듣지 않고 부모님과 선생님이 더 이상 손을 쓸 수 없는 상황이 된다. 어떻게 하면 이 악순환의 고리를 끊을 수 있을까? 닐은 '정확한 해결책'을 찾았다. 그것은 '교육'적인 억압으로 인해서 생긴 아이의 상처를 어루만져주고 부정적인 감정을 지울 수 있도록 돕는 것이다. 한마디로 말해서 아이의 천성이 선하다는 믿음과 무조건적인 포용만이 이 악순환의 고리를 끊게 해준다.

닐은 40년 이상 이 문제에 대해 연구했으며 모든 성과를 책으로 남겼다. 닐의 행동 프로그램에는 어떤 장점이 있는 것일까? 그가 발견해 낸 몇 가지 성과를 구체적인 예를 통해 살펴보자.

닐은 일반적인 학교, 그리고 대학교를 포함하는 다른 교육기관을 돌아보는 동안 모든 문제가 발생하는 원인이 부자유와 억압에 있다는 것을 알게 되었다. 닐은 이런 상황을 극복하기 위한 '첫 발걸음'의 의미를 매우 중요시했다. 닐의 경우 그 첫 발걸음은 바로 아이가 수업에 참여해야 한다는 의무에서 자유로워지는 것이었다.

그렇게 첫 발걸음을 시작한 뒤에도 문제는 꼬리를 물고 있었다. 다음으로 해결해야 하는 문제는 부모님을 설득하는 일이었다. 부모님들 역시 아이들이 겪고 있는 부자유 속에서 자랐다. 그럼에도 그것이 가진 수많은 단점을 간과한 채 어린 자녀들에게 바로 그 교육방식을 강요했다. 더욱 심각한 문제는 부모님들 스스로 자신의 아이들에게 필요한 것을 잘 알고 있다는 착각 속에서 아이들의 미래를 '만들어나가는 작업'을 한다는 것이었다.

닐은 부모님들을 설득했다. 부모님들의 일반적인 생각과 달리 자유롭고 자율적인 아이가 그렇지 못한 아이들보다 더 많이 놀지만 자신이 어떻게 해야 하는지를 더 잘 알고 있는 경우가 많다는 닐의 말에 완전하게 동의하는 부모님들은 그리 많지 않았다. 그러면 닐이 "저는 왜 아이들과 새끼 고양이들이 노는지 알고 있습니다. 그것은 에너지와 관련된 문제라고 할 수 있죠."라며 이야기를 이어간다. 그리고 자신이 평소에 하고 있는 모든 생각을 솔직하게 이야기했다.

닐은 언제나 똑같은 결론에 도달했다. 아이들이 많이 움직이는 이유가 충만한 성장 에너지 때문이며, 이 성장 에너지는 출구가 필요하다는 것이 닐이 자신의 생각을 정리하고 이야기할 때마다 도달하는 목적지였다. 한마디로 닐은 아이의 '본성'을 믿는 것보다 더 좋은 방법을 알지 못한다고 항상 이야기했다. 나 역시 이 생각에 전적으로 동의한다. 닐의 학교에서 놀이를 가장 중요하게 생각하는 이유 역시 거기에 있다. 공부는 그 자체의 중요성만을 따지면 무엇보다도 중요하겠지만 아이들의 입장을 고려해서 본다면 그것은 언제나 두 번째(!)에 위치해야 하는 것이다. 아이들이 놀지 못한다는 것은 아이 개인의 심리학적인 문제이기도 하지만 사회 전체의 문제를 만들 수도 있기 때문이다. 이 문제에 대해 닐은 두 개의 실천적인 결론을 제시했다.

- 강요를 그만두고 아이들이 놀 수 있는 자유를 줘라.
- 아이들에게 필요한 것은 심정적인 후원뿐이다.

가장 중요한 문제는 아이 스스로가 자기 자신을 사랑하도록 만드는 것이다. 이 간단한 사실을 이해하기 위해 나는 몇 년의 세월을 보내야만 했다. 외부로부터 주어진 자신에 대한 증오심을 없애는 것보다 더 중요한 일이 어디에 있겠는가!

닐은 아이에게 도움이 되는 일이라면 도저히 '건전한 사고'에서 나왔다고 할 수 없는 기상천외한 방법을 사용하는 것도 주저하지 않았다.

어느 날 열네 살짜리 남자 아이로부터 면담신청이 들어왔다. 그 아이는 엄격한 규칙으로 유명한 사립학교에서 서머힐로

전학을 온 아이였다. 아이는 전에 다니던 학교에서 선생님의 사물함을 열어 그 속의 물건을 훔친 일 때문에 퇴학을 당했다.

교장실에 들어선 아이는 평범했다. 하지만 악수를 하기 위해 내민 손의 가운데 손가락이 니코틴으로 노랗게 물들어 있었다. 나는 호주머니에서 담배를 꺼내 피우라고 말했다.

"왜 이러세요. 전 담배를 피우지 않아요." 아이는 너무 당황한 나머지 오히려 화를 내었다.

"괜찮아, 받아서 편하게 피워. 담배가 거짓말보다 해롭지는 않을 테니까."

나는 웃으면서 말했고, 아이는 담배를 받았다. 아마도 아이는 많은 내적 갈등을 거친 끝에 담배를 받아 들었을 것이다. 그리고 그 순간 아이의 얼굴 표정이 바뀌는 모습은 정말로(!) 인상적이었다.

"내가 듣기로 넌 아주 약삭빠른 건달이라고 하던데. 혹시 역무원의 눈을 속이고 티켓 없이 기차를 타려면 어떻게 하는지 아느냐?"

"선생님, 저는 한 번도 누구를 속이려고 한 적이 없습니다."

"이런, 그런 것도 못해봤단 말이야? 한 번 해 봐. 내가 방법을 전수해 주마."

그리고 나는 아이에게 몇 가지 방법을 이야기해주었다.

입이 딱 벌어진 아이의 표정이 가관이었다. 아이는 자신이 지금 있는 곳이 정말로 학교가 맞는 것인지 주위를 살피며 이것저것 생각하는 것 같았다. '교장이라는 사람이 학생에게 속임수를 가르쳐주다니 이게 무슨 일이야!' 서머힐을 졸업하고 몇 년이 지난 뒤에 찾아온 그 아이는 이 날의 대화가 자기 생을 통틀어서 가장 충격적이었으며 그 충격이 자기의 삶을 바꿨다고 했다.

무엇이 아이를 놀라게 했을까? 아이가 지금까지 이러한 어른을 한 번도 만나본 적이 없었기 때문일 것이다. 게다가 학생들에게 법과 질서를 가르쳐야 하는 책임이 있는 교장선생님이 오히려 학생에게 속임수를 가르쳤기 때문에 머릿속이 혼란스러워졌다. 어른들에 대항하는 가장 큰 무기였던 속임수와 도둑질이 이 순간 아무것도 아닌 것이 되어 버렸다. 이 이상한 교장이 자기를 이해하고 받아들인다는 것일까? 아이는 어렴풋하게나마 이 사람이 자신에게 해로운 것을 바리지 않는다는 것을 느낀다. 닐은 이런 충격적인 '접근 방식'을 여러 번 사용을 했고 또 그때마다 성공했다. 그는 다음과 같이 쓴다.

나는 옆집의 닭을 훔치러 가거나 사물함 안의 동전들을 훔치는 것을 도와주면서 '어린 도둑들'에게 관심을 얻기 시작했다.

'전과'가 있는 또는 자기 스스로를 믿지 못하는 아이들과 친해지기 위해 필요한 것은 단순한 '인터뷰'가 아니라 특별한 대화였다. '나는 너를 이해하며 지금 네 모습 그대로를 받아들인다. 나는 네가 그렇게 행동하는 이유가 많을 것이라는 것을 알고 있다. 그럼에도 우리는 함께 생활할 수 있다.'는 것을 보여주어야 한다. 이와 비슷한 일화 하나를 더 보자.

> 몇 년 전에 아주 교묘하게 도둑질을 잘하는 '프로 사기꾼' 같은 소년 한 명이 있었다. 그가 우리 학교로 온 지 일주일 뒤에 리버풀에서 전화가 왔다.
>
> "저는 X(영국에서는 아주 유명한 인물)라고 합니다. 그 학교에 다니는 아서가 제 조카입니다. 그 애가 며칠간 리버풀에 오고 싶다고 제게 편지를 썼습니다. 허락해 주실 수 있으십니까?"
>
> "그건 제가 허락하고 말고의 문제가 아닌 것 같습니다. 아이의 부모님들께 직접 연락하시는 것이 좋지 않을까요?"
>
> 다음날 아서의 엄마가 전화를 했다. 아이 큰아버지의 전화를 받았으며 학교에서 별다른 문제가 없다면 자기와 남편은 아서가 리버풀에 가는 것에 대해서 반대하지 않는다고 했다. 그리고 리버풀까지 가는 교통비 28실링을 먼저 줘서 보내면 나

중에 아서를 통해 돌려주겠다는 부탁까지 했다. 나는 전화를 끊고 아서를 불러서 28실링을 주었다.

그날 몇 시간 뒤 나는 아서에게 속았다는 사실을 알게 되었다. 교장실로 걸려온 두 통의 전화, 아서 큰아버지와 어머니의 전화가 사실은 학교 안에 있는 공중전화 부스에서 아서가 전화한 것이었다. 아서는 성대모사를 아주 잘 했는데, 내가 잘 모르는 나이든 큰아버지의 목소리나 어머니의 목소리를 흉내 내는 것은 아서에게 아주 쉬운 일이었다. 어쨌거나 소년은 나를 속였고, 나는 속았다.

나는 이 상황에 대해서 아내와 오랫동안 대화를 했다. 아이에게 가서 이제 내가 속았다는 것을 알았으니 돈을 돌려달라고 말하는 것은 뭔가 석연치 않다는 생각이 들었다. 왜냐하면 아이는 이러한 상황을 이미 여러 번 겪었을 것이고, 어른들의 이런 대응 역시 익숙할 것이기 때문이다. 아내는 아이에게 상을 주는 것이 어떠냐고 말했다. 선생님을 속인 아이에게 상을 준다고 생각하니 머릿속이 환해지는 것 같았다. 나는 늦은 밤임에도 아서의 침대로 갔다.

"넌 오늘 아주 운이 좋았다." 내가 웃으면서 말했다.

"그럼요!" 아서는 의기양양했다.

"아니, 너는 네가 생각하는 것보다 더 운이 좋아."

"무슨 말이죠?"

"방금 네 어머니께서 전화를 하셨단다. 어머니가 여기서 리버풀까지 가는 교통비를 잘못 알고 있었다면서 아무래도 네가 10실링이 더 필요할 것 같다고 하시더라."

나는 간단하게 설명을 마치고 무뚝뚝하게 10실링짜리 지폐를 아서가 누워 있는 침대에 던져주었다. 그리고 급히 방에서 나와 버렸다.

다음날 아침 아서는 ' 존경하는 닐 선생님. 선생님은 저보다 더 훌륭하신 배우이십니다.' 로 시작하는 편지 한 통을 남기고 리버풀로 향했다. 그리고 몇 주가 지난 후 아서는 내게 와서 그때 왜 10실링을 더 주었는지 물었다. 대답 대신 나는 아서에게 "내가 네게 그 돈을 주었을 때 너는 어떤 기분이 들었냐?"라고 물었다. 아서는 잠시 생각에 잠기더니 천천히 대답했다.

"그러니까 그 일은 제겐 아주 충격적이었어요. 저는 어쩌면 선생님은 제 편이 되어줄 수 있지 않을까 하는 생각을 했어요. 나를 이해하는 첫 번째 사람 말입니다."

닐은 이 이야기를 "나는 사랑이 포용하는 것이라는 사실을 이해하고 나서야 비로소 아이와 소통할 수 있었다."라고 마무리 짓고 있다. 이 이야기에서 가장 인상적인 것은 아이가 스스로 자신의 잘못을 밝

히고 있다는 점이다. 아이의 나쁜 행동에 대해 닐은 '이상한' 행동으로 응수했다. 결과적으로 닐의 이 '이상한' 행동은 아이가 가졌던 어른들의 세계에 대한 증오심과 적대감을 '칼로 도려내듯이' 없애주었다. 동시에 아이에게 자신을 이해하고 포용할 수 있는 어른이 있다는 믿음을 가지게 해주었다.

알렉산더 닐은 자유와 방임을 정확하게 나눈 후에 결단력 있는 접근 방법을 실행했다. 두 개념은 '문제아'들과 관련해서 아주 중요한 차이점을 가지고 있다. 닐은 보이지 않는 두 개념 사이의 '경계'를 정확히 찾아서 어떻게 그 자리에서 아이에게 접근할 수 있는지를 보여주고 있다.

하지만 안타깝게도 이 방법은 일률적으로 적용할 수 없다. 아이가 처한 상황과 환경에 따라 그 경계가 너무도 다르게 나타나기 때문이다. 그리고 짧은 시간의 방임이 모든 것을 바꿀 수 있다는 성급한 생각은 다른 잘못으로 이어지기 쉽다. 중요한 것은 어느 한 순간에 자유를 얻은 아이가 행하는 일련의 행동들을 인내심을 가지고 지켜보아야 하며 이해하려고 노력해야 한다는 것이다. 또한 시간이 지나면서 아이가 점차적으로 '정상 궤도'에 오르게 된다는 것을 확신해야 한다는 것이다.

또 하나 기억해야 할 것이 있다. '행동의 자유'라는 것이 아이에게 모든 행동을 허용하라는 것은 아니라는 사실이다. 즉, 절대로 허용되지 않는 행동도 반드시 있어야 한다. 예를 들어서 서머힐에서는 불장난, 공기총의 사용, 칼싸움(싸움을 해야 할 경우 칼은 천으로 싸여진 나무칼이어야 한다.) 등이 엄격하게 금지되어 있었다. 금지의 규칙을 정할 때 우리는 다음 사항을 유의해야 한다.

- 아이들은 금지 조항이 많지 않을 때에만 그것을 지키려고 노력한다.

금지 조항이 있으면 벌칙 조항도 있다. 닐이 제시한 벌칙에 대한 단 하나의 원칙은 신체적인 고통을 가하는 체벌을 피하는 것이었다. 서머힐에서는 아이들이 벌금을 냈다. 규칙을 위반했을 때 처벌의 수위는 아이들이 개최하는 총회에서 다수결의 원칙에 의해서 결정되었다. 이때 교장 선생님인 닐의 영향력은 여섯 살 먹은 아이들과 마찬가지로 한 표였다.

총회에 제출되는 안건은 다양했다. 다른 사람에게 상처를 입히는 행동, 다른 사람의 재산에 피해를 주는 행동과 개인의 권리와 이익에 반하는 행동 등이 서머힐에서 금지된 것들이었다. 구체적으로는 '다른 사람이 공부하거나 자는 것을 방해하지 않는다. 다른 사람의 물건을 말없이 건드리지 않는다. 다른 사람의 악기를 망가뜨리지 않는다. 만약 램프나 창문을 깨뜨리면 용돈으로 배상한다.' 등 피해를 당한 사람은 회의 시간에 자신이 입은 손해에 대해서 말할 수 있는 기회를 갖는다. 하지만 여기에도 원칙이 있는데 이러한 발의가 '나-메시지'의 형식을 가져야 한다는 것이다. 즉, 피해를 당한 사람은 자신의 손해에 대해서만 이야기를 하며 절대로 피해를 입힌 아이에게 화를 내서는 안 된다는 것이다.

일반적으로 잘못한 아이는 회의 결과에 대해 승복했다. 하지만 벌칙이 지나치다고 느끼면 재심을 요구할 수 있고, 다시 한번 특별한 관심을 가지고 그 아이의 잘못에 대해 살펴보는 기회를 가졌다. 그렇게 내려진 두 번째 회의 결과에 대해서는 대부분의 아이들이 수긍을 했다.

이렇게 벌칙을 내리는 과정은 닐이 발견한 또 하나의 훌륭한 심리학적 원리다. 벌칙을 주는 주체가 권력을 가진 높은 사람들의 일방적인 결정이 아니라 아이들이 생각하기에 공정하고 충분히 신뢰할 수 있는 '아이들 사회'였다는 것이다. 총회나 어린이 재판에서 아이들은 '예, 벌칙 대상 아이의 행동에 공감한다.'와 '아니오, 공감하지 않는다.'를 결정했다.

'예'의 의미는 벌을 받아야 하는 아이의 행동에 대한 이해와 노력을 의미한다. 벌칙 대상자인 아이의 행동에 대해 벌을 줘야 한다는 정당성이 제대로 나오지 않았다면 벌의 강도는 약해진다. 그리고 이것은 아이에게 심리적인 안정감과 안도감을 가져다준다. 누차 강조한 것처럼 닐은 분노와 증오가 '나쁜 아이'를 만드는 가장 기본적인 원인이라고 생각했다. 이런 심리적인 안정감과 안도감은 아이들이 자신의 내부에 분노와 증오를 쌓아 올리는 것을 미연에 방지하고 약화시키는 효과를 가져왔다.

그렇다면 총회나 어린이 재판 같은 것이 없는 가정에서는 어떻게 해야 할까? 가장 좋은 방식은 가정에서 자신들이 가지고 있는 주요한 특성을 고수하는 것이다. 그것은 방금 이야기한 것과 마찬가지이다. 만약 벌칙을 줘야만 한다면 그 벌칙은 가족 전체가 동의하고 수용한 규칙에 따른 것이어야 한다. 부모의 순간적인 '고약한 감정'이나 가족 간의 권력인 위계질서에 기인한 것은 아니어야 한다.

아이 교육의 일반적인 방법에 대해서는 닐이 부모님들에게 이야기한 것을 보면 쉽게 알 수 있을 것이다. 그것은 다음과 같다.

- 권위를 없애십시오.
- 아이가 스스로 할 수 있도록 기회를 주십시오.
- 아이에게 계속적으로 강요하지 마십시오.
- 아이를 가르치려고 하지 마십시오.
- 아이에게 잔소리를 하지 마십시오.
- 아이를 너무 많이 칭찬하지 마십시오.
- 한 번도 하지 않은 것을 하도록 강요하지 마십시오.

닐은 여기에 한마디를 덧붙였다. “어쩌면 위의 내용이 당신에게 맞지 않을지도 모릅니다. 그렇다면 더 좋은 방법을 찾을 수 있도록 노력해야만 합니다.”라고 말이다.

나-메시지: 당신의 감정 상태를 아이에게 이야기할 때는 1인칭으로 하라

나-메시지 대화법은 아이와의 관계를 훼손하지 않고 당신의 감정을 아이에게 말해 주는 좋은 방법이다. 요점은 당신의 감정 상태를 아이에게 이야기할 때 1인칭으로 하라는 것이다. 그리고 대화에서 절대로 당신의 감정 상태에 대해서만 이야기를 해야지 아이의 행동에 대해서 이야기를 하면 안 된다는 것이다.

예를 들어서 어떤 상황에 대한 대답을 다음과 같이 할 수 있다.

1. 나는 내 아들이 지저분한 모습으로 다니는 것이 싫어. 그럴 때 나는 다른 사람한테 창피해.

2. 나는 누가 내 앞을 기어다니면 출근 준비에 방해를 받아. 걸려 넘어질 것 같아.

3. 커다란 음악 소리 때문에 내가 머리가 아파.

위의 문장 속에는 모두 1인칭 '나' 가 사용되었고 그러한 이유로 이러한 유의 진술을 심리학자들은 '나-메시지' 라고 한다.

똑같은 상황이지만 부모들은 다음과 같이 다른 식으로 대답을 하는 경우가 많다.

1. 이런! 네 꼴이 이게 뭐냐?

2. 그만 기어다녀. 네가 날 방해하고 있잖아.

3. 너 좀 작게 들을 수 없니?

이번엔 2인칭 '너' 를사용했다. 이러한 진술을 '너-메시지' 라고 한다.

언뜻 보았을 때 '나-메시지'와 '너-메시지' 사이에는 큰 차이가 없는 것 같다. 게다가 후자가 익숙하고 '편리'한 사람들이 더 많다.

하지만 '너-메시지'로 대답을 하게 되면 아이들은 모욕감을 느끼고, 스스로를 방어하면서 공격적으로 바뀔 수 있다. 그래서 그런 식의 답변은 피해야 한다.

'나-메시지'는 '너-메시지'에 비해 장점이 많으며, 그 중에서 다음의 세 가지를 가장 먼저 뽑을 수 있다.

1. '나-메시지'는 아이가 모욕감을 느끼지 않게 하면서 자신의 부정적인 감정을 표현할 수 있도록 해준다. 분노나 흥분을 통해 갈등을 벗어나려는 부모가 일부 있지만 의도한 대로 결과가 얻어지지는 않는다. 이미 이야기했듯이 감정으로 아이를 억누르는 것은 옳지 않다. 게다가 아이는 부모가 화났는지 그렇지 않은지 잘 안다. 우리가 화났다면 아이는 모욕감을 느끼거나 소심해지거나 싸움을 건다. 모든 것이 반대로 나타난다. 평화 대신 전쟁이 찾아온다.

2. '나-메시지'는 아이에게 당신을 훨씬 더 가깝다고 느끼게 할 가능성을 제공한다.

3. '나-메시지'를 통해서 우리가 감정을 솔직하게 열어준다면 아이들도 감정을 솔직하게 표현한다. 아이들은 어른들이 자신을 믿어주고 자신도 그를 믿을 수 있다고 생각하게 된다.

3. "정답보다 중요한 것은 질문이다." - 알렉산드르 즈본킨

부모님들은 교육학을 전공하지 않았어도 다양한 방면에서 아이들의 성장을 관찰하고 그 성장에 참여하기도 한다. 수학자인 알렉산드르 즈본킨은 『아이와 수학』이라는 책을 출간하였는데 이 책은 그가 몇 년 동안 '수학교실'을 운영한 경험을 바탕으로 만든 책이다. 즈본킨은 아직 학교에 들어갈 나이가 되지 않은 자신의 아이와 동네의 몇몇 아이들에게 수학을 가르쳤는데 수업을 진행하면서 아이들 또래에 발현되는 잠재적 능력과 그 놀라운 성장, 발전 과정을 직접 살펴보게 되면서 아이들을 이해하고 느낄 수 있게 되었다. 수업을 하는 동안 그는 수학자인 동시에 아주 섬세하고 정확한 관찰자의 역할을 훌륭하게 수행한 심리학자였다.

이 책을 읽는 동안 우리는 작가의 열정에 흠뻑 빠져들게 될 것이다. 그리고 즈본킨이 생각해낸 문제와 대화들은 아이의 '풍요로운 환경'을 걱정하는 모든 사람들에게 아이디어를 제공하는 보물상자의 역할을 할 것이다. 내용 중의 한 부분을 보자.

25개월 된 즈본킨의 딸 제냐는 책상 위에 딘즈 블록을 펼쳐놓았다. 딘즈 블록은 다양한 크기와 색깔의 원, 사각형, 삼각형으로 구성되어 있는데 가운데 구멍이 뚫려있는 것과 그렇지 않은 것이 있다.

제냐는 '짝 맞추기' 놀이를 하자고 했다. 나는 그렇게 하자고 말하고는 제냐의 나이를 고려해서 상자에 크고 작은 몇 개의 원과 삼각형, 그리고 사각형 모형을 올려놓았다. 한 쪽에는 구멍이 뚫리지 않은 모형 4개를 놓고, 다른 쪽에는 구멍이 뚫린 모형 4개를 놓았다.

제냐는 문제를 풀기 시작했다. 처음에는 자기 마음 내키는 대로 짝을 맞추려고 했다. 커다란 사각형 모형을 작은 삼각형 구멍에 억지로 넣으려 한다든지 아니면 작은 원이 들어가야 할 자리에 큰 원을 집어넣기 위해 애를 쓰기도 했다. 제냐는 이런 과정들을 거치면서 모형 하나하나를 제자리에 넣기 시작했다. 모형을 제대로 맞추면 나는 제냐를 응원하는 의미에서 "와우!" 하고 소리를 질러주었다. 이를테면 다음과 같이 하였다. 제냐가 커다란 사각형 모양의 구멍에 작은 원을 넣을 때 나는 아무 소리도 내지 않았다(제냐는 짝을 제대로 찾았다고 생각을 하였다. 어쨌든 모형이 구멍 속으로 들어갔기 때문이다). 하지만 짝을 제대로 찾아서 넣었을 때에 나는 "와우!"하고 소리를 질러 주었다. 제냐는 차츰차츰 나의 행동을 통해 짝을 제대로 찾았을 때와 찾지 못했을 때를 구별하게 되었다.

한참 놀이에 열중하던 제냐가 내게 짝 맞추기 놀이는 모형을 잠재우는 것이라고 설명해 주었다. 이렇게 우리는 한 시간

동안 이 놀이를 세 번 반복했다. 한 시간이 지나자 제냐는 제각각인 모형들의 모양과 크기를 어느 정도 구별할 수 있게 되었다. 하지만 각각의 모형을 제자리에 맞게 끼우는 작업을 한 번에 해내지는 못했다. 이쯤 되자 제냐는 짝 맞추기 작업을 좀 특별한 방법으로 진행했다. 먼저 제냐는 커다란 원을 들어서 모든 구멍에 순서대로 맞추어보았다. 그리고 맞는 구멍을 발견하게 되면 그곳에 집어넣었다. 이런 방식으로 제냐는 많은 모형 중에서 가장 큰 모형들을 먼저 집어 들었다. 그리고 그 모형들의 자리를 찾아서 집어넣기 시작했다. 다섯 개의 원이 자리를 차지할 때까지는 잘 진행되었다. 하지만 여섯 번째 원이 들어갈 구멍을 찾을 수가 없었다. 처음 다섯 개의 원 중에서 네 개는 제자리에 들어갔지만 나머지 한 개는 제자리가 아닌 곳에 들어가 있었던 것이다.

이 순간 아주 흥미로운 장면이 연출되었다. 제냐는 먼저 자리를 차지한 원 중에서 비어있는 구멍에도 들어갈 수 있는 원이 있다는 사실을 발견했다. 그래서 먼저 넣었던 원을 꺼내고 그 자리에 마지막까지 자리를 찾지 못했던 원을 제자리에 집어넣었다. 구멍에 들어가 있는 원을 모두 꺼내는 일은 제냐가 혼자 하기에는 좀 힘들어 보였다. 제냐는 내게 부탁을 했다.

"아빠, 이것들 좀 꺼내줘……."

그리고 나머지를 차례로 넣었다 아이는 원이 구멍에 들어 간다는 것을 이미 확인했다. 그러니까 다시 그것을 넣는다 해도 잘 들어갈 것이라고 생각한 것이다. 제냐는 여러 가지를 시도한 끝에 찾아낸 자신의 방식에 만족스러워하면서 놀이를 계속했다. 제냐가 내게 짝 맞추기 놀이를 하자고 말한 후 우리는 한 시간 가량 같이 앉아서 놀이를 했다. 그리고 한 시간이 지난 뒤부터 제냐는 내 도움이 없이 혼자서 놀기 시작했다.

덧붙이자면 2005년 여름, 제냐는 25살이 되었다. 내 책상 위에 있는 딘즈 블록을 보더니 제냐가 "지금도 딘즈 블록을 생각만 해도 마음이 설레고 기분이 좋아져요"라고 말했다.

여기에서 '놀이'는 두 사람 모두를 기쁘게 했다. 물론 누구보다도 기뻐한 것은 제냐다. '여섯 번째 원이 구멍에 들어가지 않았다. 하지만 그 원은 앞에 넣은 원과 같은 것이므로 어딘가에 제자리가 있다. 즉, 그것을 맨 처음에 넣게 되면 다른 것들도 모두 제자리에 넣을 수 있다. 왜냐하면 나머지 원들은 제자리를 확인했기 때문이다.' 집중력과 열정만으로 두 살짜리 아이가 자신만의 논리를 감동적으로 발견했다. 여기에는 아빠도 참여했다. "와우!"하고 소리를 질러서 아이를 응원해 주거나 아이가 요청을 하면 모형을 꺼내줬다. 나머지는 함께 느끼면서 바라보기만 했다. 아이를 방해하지 않고서 말이다. "선생님은 아이들이 어떤 행동을 할 때 간섭해야 하는 순간과 방법을 잘 알고 있어야만 한다. 그것은 '위대한 기술' 이다."라고 말한 마리아 몬테소리가 생각난다.

이번에는 나이가 3~4살인 세 명의 남자 아이들이 딘즈 블록을 가지고 놀고 있다. 박스 종이로 만든 직사각형, 정사각형 그리고 불규칙한 사각형 모형이 바닥에 펼쳐져 있다. 두 살짜리 제냐와는 다른 주제로 놀이를 하는데 즈본킨이 이번에는 아이들의 대화에 계속해서 끼어들고 있다.

우리는 바닥에 펼쳐진 도형들에 대해서 좀 더 자세하게 이야기했다.

"자, 바닥에 펼쳐진 모든 도형들은 네 개의 각을 가지고 있어. 그렇지? 그래서 이 도형들을 모두 사각형이라고 한단다. 알겠냐?"

아이들이 고개를 끄덕였다.

"우리는 지금 세 개의 사각형을 가지고 있어. 그렇지? 그런데 두 개의 사각형은 다른 하나의 사각형과 달라. 잘 봐, 이 두 개의 사각형은 네 개의 각이 모두 직각이잖아. 그래서 이 사각형 두 개는 직사각형이라고 한단다. 또 있어. 이 두 개의 직사각형 중 하나는 특이하게도 모든 변의 길이가 같아. 그래서 이 직사각형은 정사각형이라고 하지. 알겠냐? 그래서 정사각형에는 세 개의 다른 이름이 있단다. 그것은 정사각형, 직사각형 그리고 사각형이야.”

내가 말해준 정보에 대해서 아이들은 아무런 의문이나 반대 의견을 표시하지 않았다. 아이들은 내 말을 이해하기 위해 이것저것 열심히 궁리를 하는 것 같았다. 하지만 내가 말해준 사각형의 특성은 아이들이 ‘전체는 그 부분보다 크다.’라는 법칙을 이해하는데 도움을 주지 못했다.

10분 전에 아이들은 아빠와 할아버지가 남자인지 물어보았다. 그리고 또 남자가 사람이냐고 물어보았다. 나는 그렇다고 대답해 주었다. 하지만 이맘때의 아이들은 절대로 정사각형을 직사각형이라고 부르지 않는다. 이것 아니면 저것이기 때문이다. 나는 직사각형 안에 정사각형이 포함된다는 것을 열심히 설명해 주었다. 점차적으로 내 교육이 성과를 거두는 것 같았고 우리는 한 번 더 결론을 지었다.

“우리는 몇 개의 정사각형을 가지고 있지?”

“하나요!”

“그럼 직사각형은?”

“두 개요!”

“그럼 사각형은?”

"세 개요!"

모든 게 잘된 것 같았다. 그리고 나는 마지막 질문을 했다.

"그렇다면 세상에는 사각형이 많을까, 정사각형이 많을까?"

"정사각형이요!" 아이들의 대답은 한 치의 의심도 없었다.

"왜냐하면 정사각형은 쉽게 자를 수 있잖아요." 지마가 말했다.

"왜냐하면 집에도 지붕에도 그리고 굴뚝에도 있거든요." 이번에는 바냐가 말했다.

이야기의 끝은 일 년 반이 지난 뒤에 이루어졌다. 어떠한 준비도, 어떠한 외부적인 요인도 없었다. 여름에 숲 속을 산책하고 있을 때였다. 갑자기 지마가 내게 말했다.

"아빠, 아빠가 우리한테 '정사각형이 많냐? 아니면 사각형이 많냐?' 하고 물은 적 있잖아요? 지금 생각해 보니 그때 우리는 잘못 대답했던 것 같아요. 실제로는 사각형이 더 많더라고요."

지마는 계속해서 왜 그런지를 내게 설명해 주었다. 그때 이후로 나는 '답보다 중요한 것은 질문이다.' 라고 굳게 믿게 되었다.

이 책의 작가와 함께 우리는 놀라지 않을 수 없다. 질문에 대한 아이의 사고 과정이 얼마나 오랫동안 그리고 얼마나 깊게 감추어진 상태에서 진행될 수 있는가를 보여주었다. 이때 아이는 겉으로는 마치 아무렇지도 않은 것처럼 행동을 하였지만 올바른 대답을 찾아내기 위한 노력을 속으로 계속해서 찾았다는 것을 알 수 있다. 작가인 즈본킨은 '조기교육을 해야 한다고 생각하는 열성파들'에 대해서 반대의 입장을 보였다. 나는 그의 의견에 동참하고 싶다. 왜냐하면 이 열성파들은 때때로 아이들을 다음 단계에 올려놓기 위해 아이 손을 억지로 끌고 가는 짓을 서슴지 않기 때문이다. 즈본킨의 책에는 더 많은 예들이 있다. 이들 모두는 아이를 내용이 풍부한 과제에 관심을 갖게 만드는 것이며 그와 동시에 아이가 현재 위치하고 있는 '단계'에 아주 조심스럽게 접근하는 모습을 나타낸 것이다.

4~5살 여자아이들이 탁자 위에 옆으로 쭉 늘어놓은 접시들을 세고 있다(이것은 왕자와 공주가 궁전에서 식사를 한다는 이야기의 일부이다).

> 한 아이가 접시를 세었다. 접시는 열한 개였다. 다음으로 제냐가 접시를 세었다. 처음에는 접시를 하나하나 손가락으로 가리키며 숫자를 세었지만 나중에는 자기 맘대로 세었다. 제냐는 접시의 수가 열네 개라고 했다. 다음에는 사냐가 세었다. 사냐도 접시가 열한 개라고 했다.

"제냐, 두 명은 접시를 셌는데 열한 개였어. 너도 열한 개의 접시가 나오게 세어 봐!"

내가 제냐에게 말했다.

제냐는 소리를 내어서 접시를 세기 시작했다. 하지만 다시 열네 개가 나왔다. 할 수 없이 그냥 넘어가기로 했다.

나는 마지막에 나와 있는 아빠의 말을 다시 한번 음미하고 싶다. '할 수 없이 그냥 넘어가기로 했다.'는 말 속에는 현명함이 감추어져 있다. 아이가 현재 가지고 있는 것을 받아들이고, 또 혼자서 앞으로 나아갈 수 있는 능력이 있다는 것을 믿고 있기 때문이다.

4. 아버지의 '선물'은 함께 하는 것이었다 – 리처드 파인만

어떻게 어른(일반적으로 부모)이 아이의 창의력 계발을 위해서 성공적으로 참여했는가를 보여주는 사례가 있다. 노벨상을 받은 유명한 미국의 물리학자인 리처드 파인만의 어렸을 때 이야기이다. 파인만은 유명한 학자일 뿐만 아니라 전 세계의 수많은 아이들이 읽었거나 읽고 있는 『파인만 강의』를 통한 권위 있는 교육자이기도 하다. 파인만은 연구를 하면서 다른 사람을 가르치기도 하는 자신의 능력을 아버지로부터 배웠다고 고백하고 있다. 파인만의 아버지는 작업복을 파는 아주 평범한 상인이었다. 하지만 그는 명석한 두뇌와 섬세한 직관력을 가지고 있었다. 그는 아들과 자주 산책을 하였으며 서두르지 않고 천천히 아들과 대화를 했다. 파이만이 쓴 내용 중 하나를 예로 들어보자.

"저기 저 새가 보이냐? 잘 봐! 새는 자기 깃털을 계속해서 부리로 휘젓고 있다. 왜 새는 저런 행동을 하는 것일까? 네 생각을 말해줄래?"

아빠가 물었다.

"아마도 날아가는 동안 깃털이 더러워져서 닦아내는 것 같아요."

내가 말했다.

"그래? 하지만 네 말이 맞다면 새들은 막 날아왔을 때 깃털을 부리로 휘저어야 해. 그리고 땅 위에 앉아서 어느 정도의 시간이 지나게 되면 새들은 깃털을 부리로 휘젓지 않겠지. 내 말이 무슨 뜻인지 알겠냐?"

"예."

"자, 그럼 우리 한번 보자. 새들이 땅 위에 앉게 되면 잠시 동안만 깃털을 휘젓고 가만히 있는지 말이야."

우리는 새들을 관찰하기 시작했다. 오랫동안 땅 위에서 거닐던 새들과 막 하늘에서 내려온 새들은 거의 똑같이 깃털을 부리로 휘저었다. 별 차이가 없었다. 그래서 난 이야기를 했다.

"제가 틀렸네요. 왜 새들은 자기 깃털을 부리로 휘젓는 것이죠?"

위에서 인용한 부분은 아버지와 어린 파인만이 나누었던 수많은 대화중의 하나에 불과하다. 이들의 대화 속에는 공룡의 크기에 대한 이야기도 있었다(파인만은 그렇게 커다란 동물이 살았다가 한꺼번에 죽었으며 왜 죽었는지 아무도 모른다는 것을 알고는 흥분을 하였고 관심이 폭발했다고 한다). 그리고 왜 기차가 앞으로 나아갈 때에 공이 기차 뒷편에서 굴러다닐까에 대한 이유를 찾기도 했으며, 나뭇잎에 남아있는 파리 유충의 흔적을 살펴보기도 했다. 둘의 대화 속에는 새로운 것을 알게 되는 기쁨뿐만이 아니라 함께 한다는데 큰 의미가 있다. 다른 아이들도 데리고 산책을 가주기를 부탁했을 때 파인만의 아버지는 '우리 둘은 특별한 관계가 있기 때문에 안 됩니다.' 라고 이야기를 했다고 한다. 여기서 '특별한 관계' 란 무엇을 의미할까? 물론 이것은 무엇보다도 아버지와 아들의 개인적인 관계를 나타낸다. 아마 파인만의 친구들과 함께 있었다면 그 관계는 불가능했을 것이다. 파인만의 아버지는 파인만의 머릿속에서 일어나는 모든 것, 즉 어떻게 관찰하고, 생각하고, 대답을 찾는지에 대해서 관심을 가지고 살펴보았다. 동시에 파인만의 아버지는 자신의 능력으로 주위에 대해 늘 탐구하는 연구가의 모습을 가지고 있었다. "나는 다른 많은 아버지들과 대화를 하기 전까지 내 아버지가 얼마나 훌륭한 분이셨는지 알지 못했다."라고 파인만은 쓰고 있다.

파인만의 아버지는 '특별한 대화 환경' 을 만드는데 성공을 했다고 말할 수 있다. 이 특별한 대화 환경은 아이에 대한 섬세한 이해와 아이 스스로의 생각에 대한 존중 그리고 둘만의 훌륭한 시간을 만드는 것이다.

> 나는 어린 아이였을 때부터 무언가 놀라운 것을 받아들이면
> 그것을 계속해서 다시 찾고자 하는 사람이 되었다. 나는 지금

> 도 아이처럼 항상 무언가 새로운 것, 놀라운 기적을 찾고 있다.
>
> 그리고 나는 그것을 찾아낼 것을 알고 있다.

이 말에서 파인만은 아버지에게서 받은 '선물'에 대해서 이야기를 하고 있다. 그것은 새로운 기적을 찾는 것에 대한 열망이다. 이 기적은 마치 새들의 깃털처럼, 굴러다니는 공처럼, 나뭇잎에 있는 흔적처럼 아주 평범한 것들에 의해서 감추어져 있다. 이러한 자연의 기적을 보고 소리치지 않을 아이가 있겠는가!

5. 어머니는 '아이를 비추는 빛'이다

아이는 부모와 선생님이 전달해 주는 예술의 아름다움이나 정신문화를 마음의 문을 열고 활짝 받아들인다. 이사도라 던컨의 회고록의 일부를 살펴보자.

> 나의 어머니 덕에 내 어린 시절의 삶은 시와 음악으로 가득했다. 저녁때마다 어머니는 피아노 앞에 앉아서 주위의 모든 것을 잊고 몇 시간이고 연주를 했다. 경제적인 어려움에 대한 걱정이 없었지만 어머니는 우리에게 집, 가구 그리고 모든 세간의 소유에 대한 훌륭한 멸시와 경멸을 가르쳤다. 어머니를 본받아서 나는 평생 동안 몸에 귀금속을 하지 않았다. 어머니는 이러한 물건들이 모두 발목을 잡는 고삐가 될 것이라고 했다.
>
> 내 생각에 학교에서 받는 교육은 내게 전혀 필요 없는 것들이었다고 생각한다. 내가 받은 진정한 교육은 매일 저녁때 어머니가 연주하던 베토벤, 슈만, 슈베르트, 모차르트, 쇼팽과 읽어주었던 셰익스피어, 키츠 또는 번즈였다. 이 시간 우리는 이 들 작가들의 매력에 푹 빠져 있었다.

20세기 러시아의 위대한 시인 마리나 츠베타예바의 말에 의하면 그녀의 어머니도 자신의 아이들에게 항상 아름다운 음악을 들려주었다. 그리고 그 아름다운 음악은 나중에 그녀가 쓴 서정시의 밑거름이 되었다고 한다.

마지막으로 찰리 채플린의 자서전에서 한 부분을 인용해보자.

> 오클리 거리에 있는 지하 방에서의 하룻밤을 나는 기억하고 있다. 나는 감기에 걸린 후 침대에 누워서 건강을 회복하고 있었다. 밖은 이미 어두워지고 있었다. 어머니는 창 쪽으로 등을 향하고 예수가 얼마나 가난한 사람과 아이들을 사랑했으며 가여워했는지에 대해서 독특한 몸짓과 손짓을 하면서 내게 신약성서를 읽어주고 있었다. 어머니는 책을 읽어 내려가면서 눈에서 눈물을 흘리기 시작했다…….
>
> 오클리 거리에 있는 이 어둡고 작은 지하 방에서 어머니께서는 문학 작품과 연극 무대에서 가장 위대하며 많이 다루고 있는 주제인 사랑과 자비 그리고 박애를 내 영혼에 불어넣어 주셨다.

이것은 더 높은 인류의 가치를 받아들이고 또 그것과 소통을 할 준비를 때때로 아이들이 어른들보다도 훨씬 많이 하고 있다는 것을 증명한다. 이렇듯 아이들이 이상적인 가치를 받아들이고 자기화 하는 방법에 대해서 간단하고 정확하게 표현하는 것은 불가능하다.

6. 환경은 스스로 배울 기회를 제공한다 - 플로렌스키의 가족

문화와 도덕성의 '빛'을 아이가 부모님의 '얼굴'에서 보게 된다면 커다란 행운일 것이다. 유명한 러시아 철학자인 파벨 플로렌스키는 회고록에서 어린 시절 19세기 말을 함께 보낸 자신의 가족에 대해서 다음과 같이 쓰고 있다.

> 우리 집에는 항상 따뜻함과 온정이 넘쳤으며 무엇보다도 중요한 것은 항상 정리가 잘 되어 있었으며 청결했다는 것이다. 모든 것이 자기 자리에 있었다. 어떠한 비속어도 어떠한 모욕도 어떠한 이기주의도 용납되지 않았다. 아버지는 주위의 모든 사람들을 항상 친절하고 상냥하게 대했으며 그 영향 하에서 우리 모두는 항상 서로를 이해하려고 노력했다. 주위의 사람들은 아버지와 우리 가족에 대해서 존경과 경외심을 가졌다.

플로렌스키는 이 책에서 가족환경이 그의 의식을 어떻게 만들어주었는지 말하고 있다.

> 내 의식 속에는 가족생활의 영위는 멋있는 것이었다. 그 외에 다른 의미에 대해서 나는 생각할 수 없었다. 어릴 때부터 이

러한 멋짐에 익숙해졌기에 나는 평생 가족생활을 다른 것과 비교할 수 없는 가장 소중한 것으로 생각했다. 사람들과의 관계는 상냥하고 다정한 것이 당연한 것이고 일 관계는 솔직하고 속임수 없는 것이 당연한 것이었다. 사람들은 모두 훌륭한 교육을 받았기 때문에 훌륭한 사람이라는 것 외에는 생각할 수 없었다. 거짓이라는 것은, 아니 진실의 반대라는 것에 대해서는 생각할 수도 없었다.

어린 아이의 의식에서 가족의 긍정적인 측면의 가치에 대한 느낌이 강했을 뿐만 아니라 넘어서는 안 되는 금지와 경계에 대한 확실한 의식도 컸음을 우리는 알 수 있다. 어린 플로렌스키가 어렸을 때 말을 제대로 안 들어서 벌을 받았던 부분을 한번 보자.

나는 아주 어렸을 때 내가 법과 규칙의 영향력 아래에서 생활한다는 사실을 이해하고 있었다. 못된 장난을 하면 그 대가로 벌을 받는다는 것을 아주 어렸을 때부터 깨닫고 있었다. 아마도 어른들이 내가 그렇게 생각하는 것을 원했기 때문이 아니라, 내가 세상의 모든 일들이 그러한 특성을 가지고 있다고 생각했기 때문이었던 것 같다.

한번은 내가 무언가 아주 큰 잘못을 했기 때문에 벽을 보고

서 있어야만 했다. 얼마의 시간이 지난 뒤 나는 내가 왜 그렇게 서 있는지를 잊어버린 채 다시 작은 잘못을 저질렀다. 어른들은 아직 무슨 일이 있었는지 알아차리지 못했다. 하지만 나는 벌의 법칙을 기억하고 있었다. 그래서 "어디에 설까요?"라고 어른들에게 물었다. 나중에야 어른들은 무슨 일이 일어났는지를 알게 되었다. 그리고 그 이후로 내 사촌 형인 다티코는 "어디에 설까요?"라고 하면서 나를 놀렸다. 하지만 나는 기분 나빠하지 않았다. 나는 내 행동이 왜 웃긴 것인지를 전혀 이해할 수 없었다. 그때 나는 그렇게 행동하는 것이 옳다고 생각했기 때문이다.

위의 내용은 두 가지 사실에서 우리를 놀라게 만든다. 첫째는 아이 스스로가 '법과 규칙'의 영향력 아래에 있다는 생각을 갖고 있다는 것이다. 그것은 금지의 절대성, 또는 경계를 넘어섰을 때 벌을 받지 않는다는 것이 불가능한 것이 부모의 의지가 아니라 '물건의 특성'으로 보고 있다는 것이다. 이것은 일반적인 입장에서 그리고 심리학적인 입장에서 보았을 때 아이에 의한 공평함의 표준을 설정하는 것이다. "허락하지 않거나 벌을 받기 때문에 하지 않는 것이 아니라 '물건의 특성'이 그렇기 때문에 하지 않는다."는 것이다. 두 번째는 플로렌스키 부모는 이것을 플로렌스키가 아주 어렸을 때부터 플로렌스키의 머릿

속에 주입할 수 있었다. 일반적으로 이러한 개인적인 사고 구성은 아주 늦게 일어나게 된다. 이것은 단순히 교육방법에 의한 결과가 아니라 아이가 크고 자란 독특한 가정환경이 있기 때문에 가능한 것이다.

7. "선생님은 아이들을 학문의 세계로 초대한다." – 사랑하는 선생님

세상의 모든 아이들은 선생님을 아이들을 이해해주고 삶에 있어서 복잡한 문제를 해결해주는 현명한 어른이라고 생각한다. 그러한 현명한 어른은 초등학교 선생님, 또는 교육이라는 것을 좁은 시야로 바라보지 않는 어른들이 될 수 있다.

학교에서는 한 가지 일과 사실이 계속 반복되고 있다. 그것은 바로 만약 아이들이 선생님을 좋아하면 그 과목은 좋아하는 과목이 되고 아이들도 성적이 좋아진다는 것이다. 왜 그런 것일까? 실험과 경험의 결과 이러한 경우에 선생님은 반에 긍정적인 감정을 불러일으키게 되고 이 긍정적인 감정은 배우는 과목에도 영향을 주어서 아이들이 그 과목에도 관심을 갖게 된다는 것이다. 적절한 표현이 있다. 그것은 '유능한 선생님은 아이들을 학문의 세계로 초대한다.' 이다. 여기서 '초대한다' 라는 말의 의미를 잘 생각해보도록 하자. 무엇보다도 유능한 선생님은 아이들과 함께 생각하고 대화할 능력이 있는 사람을 말한다. 함께 생각하고 대화한다는 것은 함께 생각하고 놀라며 성취한 것에 대해서 함께 기뻐한다는 것을 의미한다. 이러한 선생님은 학생들의 기본 성격에 영향을 미친다.

나의 대학 시절이 생각난다. 우리를 가르치셨던 인류학 교수님께서는 유명한 야콥 로긴스키 교수님이셨다. 교수님께서는 자신의 학문을 너무나 사랑하셨으며 우리 학생들은 교수님과 교수님의 강의에 빠져 있었다. 교수님께서 무엇을 말씀하시든 모든 이야기는 마치 마술에 걸린 말 같았다. 교수님의 눈은 반짝거렸으며, 교수님의 부드러운 목소리는 감동적으로 들렸으며, 어떠한 작은 결과에 대한 교수님의 떨림과 기쁨 모두를 우리는 느낄 수 있었다. 우리는 이 과목을 너무나 좋아했다. 그리고 거의 모든 학생들이 'A+'를 받았다. 수십 년이 지난 지금도 우리 졸업생들은 만나면 사랑하는 선생님에 대한 기억을 떠올렸으며 우리 선조인 피테칸드로프스와 네안데르탈인에 대한 역사를 떠올렸다.

아이들의 교육과 관계가 있는 다른 예를 한번 들어보자. 얼마 전에 모스크바에는 음악선생인 미하일 크라베츠가 살고 있었다. 그는 '음악에 재능이 없는' 학생을 데리고 수업하는 것을 좋아했다. 그리고 이러한 학생들을 그는 가장 훌륭한 음악학교에 입학시키는데 성공을 했다. 그는 학생들이 '재능을 드러내기까지의 과정'을 좋아했다. 그에게는 재능이 없는 학생이란 애초에 존재하지 않았다.

크라베츠가 한 학생을 데리고 수업하는 것을 지켜볼 수 있는 행운이 있었다.

> 수업은 항상 감정적으로 고양된 상태에서 시작되었다. 아이와 선생 모두 활기차게 여러 가지 이야기를 주고받았다. 둘은

함께 노래를 불렀으며 노래에 맞는 그림을 고르기도 했다. 아이는 작은 손북을 치고 선생님의 반주에 맞추어 율동을 했다. 큰 목소리로 이야기를 만들어가고 있었다. 그 이야기 속에서는 곰과 새가 살았고 오선지 위에는 참새들이 앉았다. 이러한 모든 것이 음악에 관한 재미있는 문제와 답들로 이루어졌다. 웃음이 터져 나왔고 기쁨이 넘쳐났다. 수업은 유명한 노래인 '조국은 듣는다……'라는 음악이 오디오에서 갑자기 흘러나오는 것으로 끝났다. 그리고 오디오 아래에서 아이는 빨간 색으로 커다랗게 5가 그려진 엽서를 발견했다. 아이는 만점을 의미하는 5가 그려진 엽서를 선물처럼 받아들었다. 물론 아이는 다음 수업을 손꼽아 기다릴 것이다.

우리는 크라베츠와 같은 유형의 선생님과 아이가 보여준 행동을 레프 비고츠키의 '근접발달이론'에서 볼 수 있다. 근접발달이론은 아이와 어른, 또는 선생님과 학생의 상호작용을 중요하게 생각한다. 새로운 것에 대한 흥미, 중요도, 의미, 그리고 그 과정에 처음으로 참여하는 것은 선생님 또는 부모님과 함께 하는 것으로 시작된다. 그리고 서서히 학생 또는 아이에게로 주체가 이동하게 된다. 한발만 더 나아가서 우리 스스로에게 질문해 보자. 어떤 어른이 이러한 선생님이 될 수 있을까? 대답은 매우 뜻밖이면서도 평범하다. 자기 자신 속에 있는 '아이가 가지고 있는 생동감 있는 에너지'를 보존하고 그것을 공식적인 교육, 엄한 교육 현장, 생존경쟁 사회에서 지켜나가고 유지할 수 있는 사람이면 누구나 그러한 선생님이 될 수 있다.

유명한 수학자인 안드레이 콜모고로프가 말한 '재능의 이론'이 생각난다. 그는 재능 있고 창의적인 사람은 항상 어린아이와 같은 마음을 지니고 있으며, 이 어린아이와 같은 마음의 나이가 어리면 어릴수록 유능한 학자가 될 수 있다고 했다. 그는 자기 마음의 나이를 열세 살이라고 했는데, 열세 살의 마음을 가진 사람은 세상의 모든 것에 관심을 갖지만 어른들이 관심을 기울이는 것들에 대해서만큼은 별로 관심을 갖지 않는다고 했다. 굳이 불필요한 한마디를 덧붙이자면, 안드레이 콜모고로프에 대해 많은 사람들은 수학이라는 학문에 생명력을 불어넣은 비범한 사람이라고 기억하고 있다.

8. 중요한 '비밀들'

우리는 앞에서 '성공한' 자녀들을 둔 부모와 선생님 또는 교육자의 경험을 살펴보았다. 그들이 성공을 한 중요한 '비밀들' 을 한 번 정리해 보자.

1. 아이의 천성에 대해 관심을 가져라.

아이의 천성을 의식적이든 본능적이든 이해하려고 노력하고, 천성이 성장과 발전을 할 수 있는 무한한 가능성을 보호해주어야 한다. 그러기 위해서는 무엇보다도 M. 몬테소리의 '방해하지 마라!' '아이에게 자유를 주어라.' '아이 스스로 성장하는 것을 침착하게 관찰하라.' '자연스러움을 보호하라.' '아이에게 과제를 강요하지 말아라.' 라고 하는 말을 기억해야 한다. 이것들은 K. 로저스와 A. 닐 등 많은 사람들도 함께 이야기하는 것이다. R. 파인만의 아버지는 어떠한 이론도 가지고 있지 않았지만 아이가 스스로 질문에 대한 대답을 찾도록 놔두었다. 마찬가지로 A. 즈본킨은 아이들의 실수를 '보면서도' 아이들 스스로 아이들에게 맞는 속도로 답을 찾을 수 있도록 해주었다. 이 모든 예들은 많은 부모와 교육자들의 현명한 행동들의 일부이다.

2. '풍요로운 환경' 을 제공해 주어라.

아이의 성장에 있어서 어른들이 '풍요로운 환경' 을 잘 제공했는지 그렇지 않은지에 대한 평가는 매우 어렵다. 넓은 의미에서 환경은 인류 문화 전체를 의미하기도 한다. 아이의 인생에 영향을 미치는 환경은 '스마트한' 장난감들과 발달된 게임들에서부터 집안 분위기에 이르기까지 아이 주변의 모든 것들을 의미한다. 아이들이 무슨 일을 하고 있으며, 무슨 놀이를 하고 있는가? 집에 책이 있는가? 집안에서 음악 소리는 나는가? 어떤 음악 소리가 나는가? 텔레비전 프로그램보다도 더 관심을 끄는 집안일이 있는가? 무엇에 대해서 주로 이야기를 하는가? 자연의 아름다움이나 예술 작품에 대하여 자신의 느낌을 어른들이 이야기를 해주는가? 아이에게 선과 악, 고결함, 공정함, 양심 그리고 훌륭함의 의미에 대해서 설명을 해주는가? 등 그것을 일일이 나열하는 것은 불가능하다.

이미 앞에서 이 분야에 관해서 많은 것을 이야기했다. 전 세계의 많은 아이들의 성장 발달에 영향을 주었고 100년이 된 지금도 영향을 주고 있는 몬테소리가 만든 게임과 재료들, 아이들과 함께 한 아버지 A. 즈본킨의 수많은 문제들과 수수께끼, 파인만의 아버지가 들려주는 '매혹적인' 주제 등이 훌륭한 예가 될 것이다.

3. 특별한 상호관계를 만들어라

현명한 부모와 교육자들은 아이들과의 대화에 있어서 훌륭한 환경을 조성할 줄 안다. 이 환경은 바람, 믿음, 지원 그리고 흥미를 주는 것을 의미한다. 현명한 교육자는 아이를 자유롭게 놔둔다. 이렇게 방해하지 않는 것은 '너는 혼자 할 수 있다.' 라는 것에 대한 믿음과 지원을 의미한다. 또 다른 경우의 현명한 교육자는 아이들과 함께 토론하고 문제를 푼다. 함께 어떤 일을 할 때에 아이의 지적 능력의 발달을 위한 가장 중요한 원칙은 '근접발달이론' 이다. 레프 비고츠키는 어떠한 일을 어른이 함께 할 때에 어른이 느끼는 열정과 흥미 그리고 감정몰입은 어린아이의 성격의 발달에 영향을 준다고 했다. 부모 또는 선생님과 함께 고민하고 생각한 순간은 아이에게 빛을 주고 감정을 고양시킨다. 우리가 앞에서 살펴본 이사도라 던컨의 어머니와 마리나 츠베타예바의 어머니가 음악을 자신의 아이들에게 들려주었다는 것을 기억하자. 그리고 어린 채플린의 영혼에 빛을 준 그의 어머니를 기억하자. 그리고 마지막으로 플로렌스키의 의식에 훌륭한 영혼을 만든 '질서, 청렴 그리고 솔직함' 을 기억하자. 이러한 부모들의 아이는 이미 '교육의 대상' 이 아니고 어른의 생활에 있어서의 감정과 영혼을 함께 하는 '참여자' 라는 것을 기억하자. 부모는 아이에게 영감을 주는 모범이다.

결론을 내보자. 아이의 발달, 아이의 개성의 성장, 아이의 문화적 풍부함의 성장을 올바로 잡아주는 성공적인 부모는 어떻게 행동을 하는가? 그러한 부모들은 대부분 아래에 열거하고 있는 행동들을 한다.

- 아이가 스스로 하는 것을 방해하지 않도록 조심 한다.
- 아이가 하는 일에 관심을 갖는다.
- 생각할 수 있도록 만들어 주고 질문을 한다.
- 필요한 일에 아이를 끌어들이고 열중하게 한다.
- 아이의 천성이 선하다는 것을 믿는다.
- 열정을 나누어주고 영감을 불어 넣는다.
- 모범이 된다.

어른들이 노력을 하게 되면 다음과 같은 문장의 형태로 만들어지는 말을 아이에게서 듣게 된다.

- "내가 혼자서 할 거야!"
- "이거 배우고 싶어!"
- "아주 재미있어!"
- "내가 이걸 할 수 있다니 너무 좋아!"
- "나는 좋은 아이야."
- "나를 사랑해주는 것이 내겐 중요해."

- "엄마가 옆에 있어주는 것이 중요해."
- "저 사람들처럼 되고 싶어!"

위에서 이야기한 것들을 그림의 형태로 한번 만들어보자

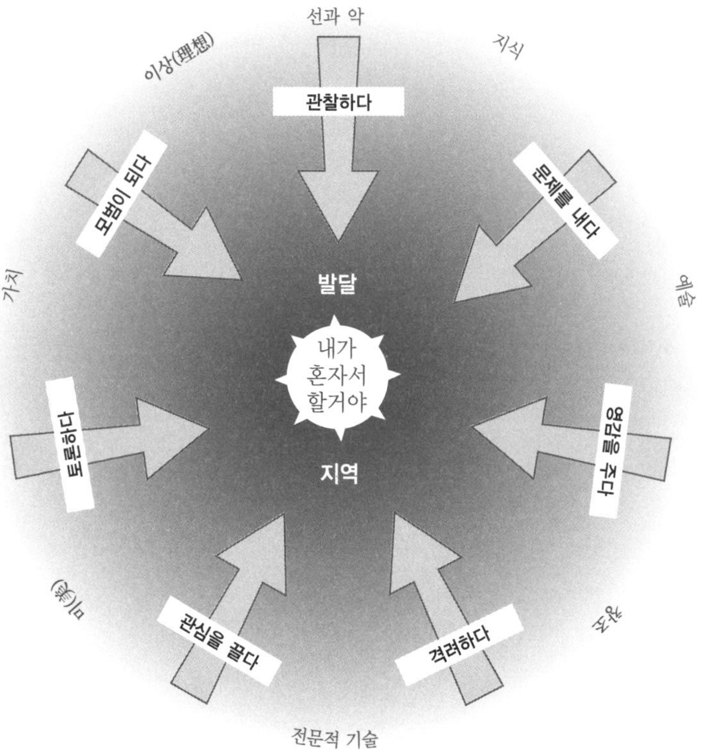

발달 지역에서의 아이와 어른의 만남

중앙에서 나오는 빛 '내가 혼자서 할 거야'는 어른과 세상 전체와 만나게 되는 아이의 내부적인 활동성을 표현한다. 발달 지역으로 향하는 화살표는 아이 발달에 영향을 주는 어른들의 참여 형태를 나타낸다. 커다란 원은 인류문화라는 환경이다.

그리고 여기에 나와 있는 '비밀들' 과 새롭게 찾은 보물들 그리고 아이디어가 부모들이 아이들을 도와주거나 교육시키는데, 그리고 어려운 문제들을 푸는데 도움이 되기를 기대한다.

CHAPTER 05

아이의 성장을 돕는 부모의 행동

우리는 아이들을 어디까지 존중할 수 있을까? 핵심은 아이들이 갖고 있는 성숙하지 못한 모습이나 합리적이지 않고 논리적이지 않은 부분까지도 존중해야 한다는 것이다. 왜냐하면 너무나 당연하게도 아이들은 미성숙하고 비합리적이고 비논리적이기 때문이다. 하지만 그렇다고 해서 무한정 '존중'만 할 수는 없다. 존 듀이는 다음과 같이 말했다. "나는 아이들이 어떤 일에 그저 '관심'을 가지고 있다는 이유 때문에, 아무 의미도 없는 일을 중요한 활동이라고 극구 찬양하며, 그 일을 계속하도록 추켜세우는 경우를 자주 보았다. 아이들을 그런 무가치한 활동을 계속하도록 내버려두는 것은 실로 죄악에 가까운 일이다. 이런 활동을 계속하게 되면 아이들은 가치 있는 일을 할 수 있는 기회를 충분히 갖지 못하게 되고, 나아가 가치 있는 일에 대한 관심과 애정을 갖지 못하게 만드는 결과를 낳게 된다. 사람들의 삶의 수준은 그가 무엇을 알고 있으며 무슨 일을 하는지에 의해 좌우된다." 우리가 해야 하는 행동과 하지 말아야 하는 행동은 무엇일까? 이번 Chapter에서 알아보자.

1. 잘못된 행동을 우회해서 지적하는 '유머'

아이들은 어른들보다 훨씬 더 역동적이다. 그래서 아이들은 밋밋하고 단순한 형태의 놀이나 일을 참지 못한다. 마찬가지로 아이들은 늘어지는 설교, 정해진 일과를 힘들어한다. 아이들은 무언가 '우스꽝스러운 행동'이나 수다를 떨고, 뛰어다니고 싶어 하는 등 '고요함'을 깨뜨리고 싶어 하기 때문이다. 아이들이 잠자리에 들기 전에 자주 하는 배게 싸움은 아이들의 이런 특성을 잘 드러내는 예 중의 하나이다.

'인간은 가볍게 움직여야 한다.'라는 말이 있다. 내가 잘 아는 누군가는 이 '가볍게 움직인다'는 말이 슬플 때는 미소를 머금어야 하고, 확신하고 있을 때에는 의심을 할 줄 알아야 하며, 진지할 때에는 농담을 할 줄 알아야 한다는 뜻이라고 했다. 그런 의미에서 아이는 쉬지 않고 '가볍게 움직인다.' 그것이 아이들의 본성이다.

이런 아이들의 본성이 잘 발현되는 놀이와 '일'에 부모가 함께 한다는 것은 아이들 입장에서 보면 그 자체로 커다란 선물이다. 함께 놀거나, 함께 생각하고 함께 웃는 것만큼 우리를 아이들과 가깝게 만들어주는 것은 없다. '함께 가볍게 움직이는 순간'에 신뢰가 쌓인다. 아이는 부모가 자신을 이해하고 있으며 특별한 존재로 받아들인다는 것을 느낀다. 그렇게 되었을 때 아이는 어른들의 이야기를 받아들일 준비가 되는 것이다. 때로는 교육적인 설교보다 아이들과 주고받는 농담이나 유머 그리고 함께한 웃음이 더 교육적이다.

한 가족이 살고 있었다. 이 가족이 살고 있는 집의 욕실 안쪽에는 벽에 온수 파이프가 있고 그 아래에 변기가 놓여 있었다. 온수 파이프는 일반적으로 수건을 말리는 데 쓰였다. 아이가 자신의 젖은 운동화를 이 온수 파이프에 걸쳐 놓았다. 그런데 그만 한쪽 운동화가 바로 밑에 있던 변기에 빠져버렸다. 욕실에 들어간 아빠가 바로 나왔다. 아빠의 손에는 푹 젖은 운동화가 들려 있었다.

아버지는 아들에게 뭐라고 말했을까? 아마도 보통의 아버지라면 "미샤, 너 운동화가 생각하지 않은 곳으로 빠질 수 있으니 조심했어야지."라거나 "미샤, 온수 파이프는 수건 말리는데 쓰는 것이지 운동화를 말리는 것은 좀 그렇잖아." 또는 약간 화가 난 듯한 목소리로 "너 운동화 말릴 데가 그렇게 없었냐!"라고 말하지 않았을까 싶다. 이 이야기의 주인공인 아버지는 우리가 알고 있는 '보통의 아버지'는 아니었던 모양이다.

"미샤, 미안하지만 내가 변기에서 네 운동화를 잠깐 꺼내도 될까? 지금 내가 급히 변기를 사용해야 하거든. 급한 일이 끝나면 운동화는 다시 그 안에다 잘 넣어둘게."

"예, 아빠! 그렇게 하세요." 웃으면서 아들이 대답했다.

이 장면은 가족 모두에게 웃음을 주었다. 뿐만 아니라 누구나 이 야기를 웃으면서 들을 수 있다. 이쯤 되면 이후에 운동화가 어떻게 되었는지 또는 가족 사이에 다른 무슨 일이 있었는지는 중요하지 않다. 다른 예를 한번 보자.

내 친구는 열두 살짜리 딸이 잘 씻지도 않고 자신의 주변을 너무 정돈하지 않고 다니는 문제로 오랫동안 고민을 했었다. 그즈음 그는 딸의 게으름에 대해서 한탄하듯 말하는 경우가 자주 있었다.

"어떻게 된 애가 아침에는 잘 일어나려고 하지 않아. 겨우 일어나서는 씻으려고 하지를 않는 거야. 도대체 무슨 생각을 하는지 모르겠어. 또래 여자 아이들 같이 옷을 예쁘게 차려 입으려고도 하지 않고, 자기 물건이 아무렇게나 굴러다녀도 치우려고 하지를 않아. 어떻게 해야 하지?"

친구 부부는 아이가 잘 알아들을 수 있도록 타이르기도 하고 "넌 여자아이야." "네 꼴을 좀 봐라!" "어떻게 그렇게 다닐 수 있냐?" 등의 말로 따끔하게 야단을 치기도 했지만 아무런 소용이 없었다.

고민 끝에 친구부부는 영국의 작가인 러디어드 키플링의 시를 이용해 보기로 했다. 시를 프린트한 다음 딸 아이 앞으로 편지를 보냈다. 보내는 사람에는 '러디어드 키플링, 영국'이라고 썼다. 편지를 받은 딸은 시를 읽기 시작했다.

낙타의 혹

이렇게 못생긴
혹을 나는 많이 봤다.
하지만 이 동물의 혹보다도
더 못생긴 것이
나와 당신에게서 자란다.

씻지 않고, 빗지 않고, 더러운 모습으로
할 일 없이 어슬렁거리는
모든 사람에게
혹이 나온다.
털이 나고, 휘어져 있고, 이상하게 생긴 혹.

우리는 낮 열두 시까지 잔다.
휴일에도 평일에도
깨어나서 우울하게 쳐다본다.
야옹 거리고, 멍멍 거린다.
그리고 때수건과 비누에게 화를 낸다.

내 조언은 다음과 같다.
조용한 것은 버려라!
기분 좋게 일을 하라!
우울해하지도 말고, 늦게까지 자지도 말아라!
땅을 파라!
땀이 나도록 땅을 파라!

아이의 눈이 동그래졌다.

"어떻게 나에 대해서 이렇게 잘 알까?"

친구 부부 역시 알 수 없다는 표정을 지었다. 편지 봉투에 적힌 주소를 확인한 아이는 정말 놀라게 된다.

"맙소사! 외국에까지 알려졌단 말이야!"

그날 이후로 이 아이가 완전히 다른 아이가 된 것은 아니었다. 하지만 아이가 받은 충격은 좋은 계기가 되었고 아이는 점차적으로 변화해갔다. 이렇게 충격요법을 쓰지 않고 다른 방식으로 문제를 해결한 부모의 이야기도 있다. 이 부모님은 눈높이를 맞춘 대화를 통해 아이의 나쁜 습관을 고치는 현명한 방법을 찾아내었다.

두 살짜리 여자 아이가 고집스러운 모습으로 자신의 침대에서 있다. 세상의 어떤 힘도 아이를 침대에 누이지 못할 것 같다. 하지만 부모님은 딸아이에게 다가가서 이렇게 말을 건넨다.

"네 토끼는 어떻게 자야 하는지 몰라."

"아니야, 토끼는 다 알아."

(아이가 토끼를 침대에 내려놓는다.)

"네 토끼는 어떻게 머리를 베개에 놔야 하는지 몰라."

"아니야, 토끼는 다 알아!"

(아이가 토끼를 반듯하게 누인 뒤 자기도 그 옆에 눕는다.)

"네 토끼는 어떻게 조용히 누워 있어야 하는지 몰라."

"토끼는 다 알아."

(아이는 이제 아무 말도 하지 않고 가만히 누워 있다.)

"하지만 토끼는 눈을 어떻게 감아야 하는지 몰라."

"토끼는 알아!"

(눈을 감고 잠이 든다.)

2. 예상을 벗어난 '의외의 행동'

지금까지 우리는 아이의 잘못을 직접적으로 지적하는 방법뿐만 아니라 유머러스한 '우회적인 행동' 역시 굉장히 효과적이라는 것을 알게 되었다. 이런 우회적인 행동과 더불어 또 하나의 효과적인 방법은 아이들이 예상치 못하는 행동을 부모들이 직접 보여주는 것이다.

딸에게 방 청소, 물건 정리를 하라고 말하는데 지친 한 엄마가 결심을 했다. 제자리에 있지 않은 딸의 물건들을 모두 모아서 딸의 방문 앞에 쌓아 놓기로 한 것이다. 방 안으로 들어가던 아이는 쌓여있는 물건에 발이 걸렸다. 무심결에 지나치려던 아이는 그것이 자신의 것임을 발견했다. 그리고 그 물건을 만지작거리다 자신의 방으로 가지고 들어갔다. 뭔가 새로운 느낌을 받은 것 같았다. 딸의 방이 깨끗해지기 시작했다.

다른 엄마의 예기치 못한 행동을 보자.

네 살짜리 여자 아이가 아침부터 옷을 입지 않겠다며 투정을 부리고 있다. 아이는 손에 잡히는 대로 옷을 집어 던져서 옷이 온 방을 날아 다녔다. 엄마는 아이에게 원칙을 가르쳐주는 대신(일반적으로 엄마가 했던 행동) 아이의 행동을 따라 했다. 엄마가 스타킹을 머리 위로 던졌다. 잠시 뒤 여자 아이는 블라우스를 던졌다. 엄마는 파자마를…… 이렇게 마구 던져진 옷가지들이 웃음소리와 함께 점점 늘어났다. 2층에서 계단을 쿵쾅거리며 열 살짜리 아들이 내려왔다.

"뭐 하는 거야? 나도 해도 돼?"

엄마가 고개를 끄덕여주었다. 허락을 받은 아들이 동생의 옷장을 열더니 옷걸이에 걸린 옷들을 마구 던지기 시작했다. 얼마 지나지 않아 딸이 웃음을 멈추고 말했다.

"오빠, 이제 그만 해! 이제 정리해야 할 것 같아."

그 이후로 딸은 옷을 입는 문제로 투정을 부리지 않았다.

이와 아주 비슷한 내용을 재미있게 다루는 이야기가 알렉산더 닐의 책에도 나온다.

어느 날 여자아이들 기숙사의 사감 선생님이 심각한 표정으로 내게 와서는 "선생님, 밀드레드가 일주일째 씻지 않고 있어요. 지저분한 것도 지저분한 것이지만 이제 몸에서 나는 냄새가 너무 심해요. 어떻게 해야 하죠?"라고 말했다.

"저한테 보내세요."

곧바로 밀드레드가 불려 왔다. 떡진 머리와 눈곱이 낀 밀드레드의 얼굴은 너무 지저분했다.

"얘야, 그렇게 하면 못써."

내가 엄한 표정을 지으며 말했다.

"하지만 전 씻고 싶지 않아요."

밀드레드가 들릴 듯 말 듯 중얼댔다.

"입 다물어. 누가 지금 씻으라고 하는 거야? 거울을 한번 봐!"

밀드레드는 벽에 걸린 거울을 보았다.

"네 얼굴이 어떤 것 같아?"

"깨끗하지는 않은 것 같아요. 그렇죠?"

미소를 머금고 밀드레드가 물었다.

"네 얼굴은 너무 깨끗해. 나는 우리 학교에 너같이 깨끗한 얼굴이 있다는 것을 참을 수가 없어. 지금 당장 나가서 더 더럽게 만들어서 와라."

밖으로 나간 밀드레드는 얼굴을 숯으로 칠해서 까맣게 만든 뒤에 다시 돌아왔다.

"이렇게 하면 어때요?"

나는 아주 조심스럽게 밀드레드의 얼굴을 살펴보았다.

"아니야, 아직 멀었어. 여기 이 뺨에 아직도 하얀 부분이 있잖니."

낄낄거리며 내 방을 나간 밀드레드는 그날 밤 목욕을 했다. 왜 그랬는지는 정확히 모르겠다.

누군가 "왜 아이들이 갑자기 청개구리처럼 180도 정반대의 행동을 할까요?"라고 질문한다면 나 역시 정확히 알지는 못한다. 하지만 이에 대해서 추측해 볼 수는 있다. 아이들이 말을 듣지 않는 것은 어른들의 지겨운 요구에 대해 자신의 '반대 의견'을 드러내는 것이다. 이때 어른들이 아이들의 예측과 정반대로 행동할 경우에 아이들은 어른들이 갑자기 자신의 편에 서 있다는 느낌을 갖게 된다. 아이들은 더 이상 싸울 대상이 없어지게 되기 때문에 정상적인 질서 속으로 돌아오는 것이 아닐까 싶다.

3. 가슴 속에 숨겨둔 '어린아이' 같은 행동

그렇다면 항상 말을 잘 듣는 아이는 아무런 문제가 없을까? 말을 잘 듣는 아이에게는 이제까지와는 반대되는 문제가 발생한다. 이런 아이들은 '올바른' 행동을 하려고 노력하고 규칙을 어기지 않으려고 하기 때문에 때로는 지나치게 규칙과 질서에 얽매이게 된다. 이런 아이들을 위해 부모는 규칙이나 질서의 범위 안에서 자유로울 수 있다는 것을 가르쳐주거나 보여줘야 한다. 흔히 '상류층'이라고 불리는 사람들은 자신의 의연함과 여유로움을 보여줌으로써 사회 속에 있는 자신의 존재를 표현한다. 하지만 이를 위해서는 내적인 자유와 유머 감각이 필수적이다. 옛 러시아의 귀족들은 여유로움과 '불편한 것'에 대한 유머러스한 접근을 교육받았다. 레프 톨스토이의 자전적 성장소설인 『유년 시절』, 『소년 시절』, 『청년 시절』에는 이 주제에 대한 훌륭한 일화가 나온다.

> 주인공인 니콜렌카는 그때 아마 열 살 정도 되었을 것이다. 니콜렌카의 집에서 무도회가 열렸다. 모든 준비가 끝나자 멋있게 치장을 한 손님들로 집안이 북적댔다. 니콜렌카 또래의 여자 아이들도 여럿 와 있었다. 이제 곧 무도회가 시작되려는 순간이었다. 큰형이 무도회장으로 내려갈 때가 되었음을 알려주

었다. 막 계단을 내려가려고 했을 때 니콜렌카는 손에 흰 장갑이 없다는 사실을 알아차렸다. 무도회장에서 춤을 추려는 사람은 누구나 장갑을 껴야 했다. 니콜렌카는 방 안의 모든 서랍을 뒤졌지만 흰 장갑은 없었고 겨우 찾아낸 것이 검은 색 염소가죽 장갑이었다. 그것도 아주 오래되고 낡아서 장갑의 가운데 손가락 부분이 뜯겨져 있었다. 니콜렌카는 이 검은 색 염소가죽 장갑 밖에 없는 현재의 상황이 몹시 절망스러웠다. 니콜렌카는 하는 수 없이 낡고 볼품없는 염소가죽 장갑을 끼고 무도회장으로 내려갔다. 잉크로 검게 칠해져서 삐죽 나온 자신의 가운데 손가락 때문에 니콜렌카의 표정은 어두웠다. 니콜렌카는 서둘러서 손님들이 있는 곳으로 갔지만 자신이 멍청하고 초라해 보이는 장갑을 끼고 있다는 사실은 숨기고 싶었다. 니콜렌카는 할머니가 앉아 있는 의자로 조심스럽게 다가가서 자신에게 일어난 불행에 대해서 이야기를 시작했다.

"할머니, 어떻게 해야 하죠? 저는 장갑이 없어요."

"그래, 그럼 이건 뭐냐?"

할머니가 나의 왼손을 잡았다.

"부인, 여기 좀 보세요. 이 젊은이가 당신의 예쁜 딸과 춤을 추기 위해서 얼마나 멋을 부리고 왔는지 말이에요."

할머니는 옆에 있는 발라히나 부인에게 말을 했다. 주위에 있는 사람들 모두가 상황을 파악하고 깔깔거리며 웃을 때까지 할머니는 내 손을 잡고 놓아주지 않았다. 나의 고통이 사람들에게는 아주 통쾌한 즐거움인 것 같았다. 나는 너무 창피해서 있는 힘을 다해 도망치려고 했다. 하지만 저쪽에 서 있는 나의 아름다운 소네치카도 아주 환하게 미소를 짓고 있었다. 갑자기 기분이 좋아졌다.

"소네치카, 이렇게 서로를 보면서 웃는 동안에 마치 우리가 더 가까워진 것 같아. 그렇지 않아?"

나는 소네치카에게 춤을 추자고 했고 그녀는 내 손을 잡아 주었다.

톨스토이는 니콜렌카의 이름으로 이 이야기의 끝을 맺는다.

그 무도회에서 나는 어쩌면 장갑 때문에 정말 바보 같은 상황에 처했을지도 모른다. 하지만 그 바보 같은 상황은 결과적으로 내가 항상 쭈뼛거리면서 바라보았던 무도회의 세계에 자연스럽게 성큼 한 걸음 들어서는 계기가 되었다. 이제 더 이상 나는 무도회장에서 수줍어하거나 부끄러워하지 않는다.

톨스토이는 이 작품에서 한 남자 아이가 수줍음과 부끄러움으로부터 탈출해서 어떻게 자유스럽게 되는지를 정확하고 섬세하게 보여주고 있다. 그는 마찬가지로 할머니의 유머러스한 현명함을 보여주었다. 할머니는 유머가 필요 없는 긴장감을 해결할 수 있다는 사실을 잘 이해하고 있었던 것이다. 이번에는 일상적으로 흔히 있는 경우를 보자.

3명의 어른들과 세 살에서부터 열두 살까지의 6명의 아이들이 음식이 푸짐하게 차려진 식탁에 둘러앉았다. 어른들은 자리에 앉자마자 아이들을 조용히 시켰다. 식사가 진행되는 동안 내내 아이들의 흐트러진 행동에 눈치를 주면서 아이들이 '예의 바르게' 행동하는지를 주의 깊게 살피고 있었다. 조용해진 아이들은 '바른 자세를 유지하려고' 애썼다. 그런데 갑자기 집주인 아저씨가 대략 세 살쯤 되어 보이는 여자 아이의 벌거벗겨진 플라스틱 인형을 집어 들었다. 집주인 아저씨는 인형을 장난스럽게 잡더니 고추 토마토 등 채소를 삶아서 만든 헝가리식 스튜인 레초(Lecho) 병 속에 넣었다. 인형은 반쯤 차 있던 토마토와 고추 사이에서 우스꽝스럽게 구겨지고 있었다. 집주인 아저씨의 갑작스러운 행동으로 식탁의 분위기는 일순간 조용해졌지만 이내 모두 크게 웃음을 터트렸다. 집주인 아저씨가 레초 병에서 인형을 꺼낸 다음 냅킨으로 소스를 닦아내는 동안 웃음소리가 잦아들었다. 그때 집주인 아저씨가 다시 인형을 레초 병 속에 집어넣었다. 모든 상황이 다시 한번 반복되었다. 잠시 동안 소란스러워졌다가 다시 잠잠해졌다. 아이들은 재미있어 했다. 주인아주머니가 계속해서 자신의 남편을 향해 눈짓을 했다. '장난꾸러기' 집주인 아저씨는 곁눈질로 아이들을 보면서 주인아주머니의 말에 복종할 수밖에 없다는 듯 한껏 우울한 표정을 지었다. 아이들의 얼굴에는 기쁨의 표정이 역력했다. 그리고 마침내 인형이 레초 병 속에 세 번째로 빠졌을 때 아이들은 배를 잡고 깔깔거렸다.(우리는 상황이 그렇게 진행될 것이라고 생각했다!) 그리고 이번에는 아이들이 직접 인형을 레초 병 속에 집어넣었다. 처음과 똑같은 상황이 계속되었다. 아이들은 돌아가면서 두 번 정도 더 장난을 치며 놀았다. 마침내 모두가 "이제 됐어. 너무 많이 웃었어. 이걸로 충분해."라고 생각할 정도가 되었다. 아이들은 더럽혀진 손과 인형을 물로 씻었다. 어른들은 진지한 대화를 시작했다. 집으로 돌아갈 시간이 되었을 때 세 살짜리 꼬마 손님이 "엄마, 우리 여기서 살면 안 돼?"라며 애원하는 눈빛으로 엄마에게 말했다.

잘 알고 있듯이 게임이나 농담은 사람들 사이의 긴장감 해소에 도움을 준다. 이에 덧붙여서 우리가 기억해야 할 한 가지 사실이 있다. 어른들의 가슴 속에 남아있는 어린아이 같은 마음과 만난 아이들은 누구나 행복한 선물을 받은 것처럼 기뻐한다는 것이다.

4. 아이들의 공상, 또는 상상의 세계를 향한 '진지한' 도전

아이의 마음은 항상 공상과 상상 그리고 놀이로 채워져 있다. 특히 유치원생 정도의 아이들 대부분은 '두 개의 세계'에서 살고 있다. 그것에 대해서 러시아의 아동 심리학자인 마리아 오소리나는 자신의 책 『아이들의 비밀스러운 세계』에서 다음과 같이 쓰고 있다.

> 집에 있는 동안에도 아이는 두 개의 다른 세계에 존재하고 있다. 하나는 어른들이 보호해주고 만들어준 익숙한 것들로 가득한 세계이고 다른 하나는 평범한 세계 위에 존재하고 있는 혼자만의 상상의 세계이다. 아이에게는 그 세계가 실제로 존재하지만 다른 사람들은 보지 못한다. 특히 어른들은 그 세계에 도저히 접근할 수가 없다. 하나의 물건이 두 세계에 서로 다른 모습으로 존재하는 것이다. 예를 들어 검은 외투가 걸려있다면 아이에게는 검은 외투와 동시에 뺨에 흉터를 가진 무서운 사내까지 보이는 것이다.

아이가 가진 상상의 세계는 동화의 세계이자 자신만의 생각과 이야기가 있는 공상의 세계이다. 그곳에는 다양한 인물들이 살고 있으며, 항상 특별한 사건들이 생긴다. 그곳에서는 '작가'가 주인공일 경우가 많다. 만약 어른들이 말 그대로 '두 개의 세계'에 대해서 알지를 못한다면 절대로 아이를 이해할 수 없다.

어느 날 세 살짜리 남자 아이의 엄마가 심리학자를 찾아왔다.

> 우리 아이가 좀 이상한 것 같아요. 전쟁터에 갔는데 그곳에서 다리를 다쳤다고 하면서 다친 곳을 가리키는 것이에요. 저는 "무슨 말이야, 무슨 전쟁? 어디를 다쳤다고?" 하고 물었죠. 그러면 아들은 들은 척도 않고 한 곳을 가리키면서 칭얼대요. 벌써 며칠째 이러고 있어요. 아이의 정신에 문제가 있는 것은 아닌가요?

이 엄마는 아이의 세계에 대한 이해가 부족하다. 아이들을 주의 깊게 관찰하고 그들의 세계에 대해 애정을 가지고 있는 어른들, 특히 직업상 아이들과 많이 지내고 대화를 많이 하는 어른들은 아이의 상상의 세계에 대해서 잘 이해하고 있다. 그러므로 우리에게 그것을 이해할 수 있도록 도와준다. 오소리나가 쓴 책의 한 부분을 다시 보자.

> 아이는 수프가 담겨 있는 그릇 속에서 해초와 침몰한 배가 있는 바다 속의 세계를 보았다고 했다. 엄마는 아이가 보았다고 말하는 세계에 대해 아무런 의심도 하지 않았다. 숟가락으

로 수프를 저으면서 아이는 지금 자기 이야기 속의 주인공이 높은 산의 계곡을 넘어가는 중이라고 생각했다.

때때로 부모님들은 아침에 자기들 앞에 자기 아이의 모습을 한 다른 누군가, 혹은 무언가가 앉아 있을지도 모른다고 생각하기도 했다. 앞에 앉아 있는 아이가 딸인 나스쨔인지 아니면 털 많은 꼬리를 감추고서 먹을 것을 달라고 하는 여우인지 알 수가 없었다. 이런 곤경에 빠지지 않기 위해서 불쌍한(?) 어른들은 아이에게 오늘은 어떤 일이 일어나고 있는지 미리 물어보는 것이 좋다.

아이들과 수십 년 동안 대화를 나눈 닐은 다음과 같이 이야기해 준다.

서머힐에서 여섯 살짜리 아이들은 하루 종일 자신의 상상 속에서 논다. 어린 아이들에게 상상과 현실은 매우 비슷하다. 열 살짜리 남자아이가 유령분장을 하고 나타나면 아이들은 환호성을 올리며 좋아했다. 아이들은 이 유령이 토미라는 사실을 알고 있었다. 왜냐하면 토미가 유령으로 분장하는 모습을 지켜보았기 때문이다. 하지만 유령이 그들을 덮쳤을 때 아이들은 정말로 무서워하면서 소리를 질렀다.

나는 아이들이 보고 있는 상상과 실제 사이의 경계가 어디인지 알 수가 없었다. 인형을 위해 작은 장난감 그릇에 음식을 담아주는 아이는 인형이 살아있다고 믿는 것일까? 목마를 타고 있는 아이는 목마가 진짜 말이라고 생각하는 것일까? '발사!' 라고 소리치며 장난감 총을 쏘는 아이는 정말로 자신이 총을 가지고 있다고 믿는 것일까?

내가 보기에 장난감 놀이에 열중하고 있을 때 아이들은 이 장난감들이 실제로 존재하는 것들이라고 생각한다. 하지만 어른들이 눈치 없이 끼어들어서 방해를 하게 되면 아이들은 지금 눈앞에 펼쳐지는 일들이 상상 속에서 일어난 것이란 사실을 눈치 채게 되고 '땅' 으로 내려온다.

왜 아이들은 '하루 종일' 놀면서 자신만의 상상의 세계를 만드는 것일까? 무엇 때문에 이것이 필요한 것일까? 왜냐하면 아이들은 상상과 놀이를 통해서 복잡한 구조로 되어 있는 세계, 질서, 사회적 역할, 인간 상호 관계 등 어른들의 세계를 체득하기 때문이다. 아이는 자신을 군인, 파일럿, 장군이라고 상상을 하면서, 그리고 상상 속의 주인공이 되어 직접 행동하면서 그들의 성격과 행동, 영웅주의 그리고 고결함을 배우고 느낀다.

알렉산더 닐은 "현명한 부모는 아이의 환상적인 세계를 결코 무너뜨리지 않는다."라고 했고 러시아의 심리학자인 다닐 엘리코닌은 "아이들에게 놀이는 도덕을 배우는 학교이다. 이때의 도덕은 주어진 것이 아니라 행동을 통해서 스스로 얻는 것이다."라고 했으며 폴란드의 작가이며 심리학자인 야누시 코르차크는 "놀이를 좋아하는 것은 창피한 일이 아니다. 아이들만을 위한 놀이라는 것은 없기 때문이다."라고 이야기했다. 이와 같이 경험이 많은 교사나 아동심리학자들이 아이들의 놀이와 상상 그리고 공상에 진지하게 접근을 하는 것은 바로 이 때문이다.

그러므로 놀이에 참여할 때에는 진지함을 유지하는 것이 중요하다. 부모님들이 아이들의 놀이에 적극적으로 참여하는 것은 매우 좋은 일이다. 왜냐하면 이런 경우에 아이들은 행복을 느낄 뿐만 아니라 진지하게 놀이에 임하게 되기 때문이다.

초등학교 2학년인 여덟 살의 손녀딸이 엄마, 언니 그리고 나를 소파에 앉히더니 '학교 놀이'를 하자고 했다. 물론 선생님의 역할은 손녀딸이 맡았고 우리는 모두 학생이 되었다. 우리는 알파벳을 쓰기도 하고 계산을 하기도 했다. 가끔씩 일부러 틀렸다. 선생님은 정답을 가르쳐주고 주의를 주기도 했다. 우리는 가만히 앉아 있기가 지겨워져서 규칙을 어기고 옆에 앉은 '친구들'을 못살게 굴기도 하였다. 그러면 선생님은 두 사람 모두를 야단쳤다. 계속해서 화장실에 가고 싶다고 이야기를 하기도 했지만 선생님은 화장실에 보내주지 않았다.

마침내 미술시간이 왔다. 선생님은 사자를 그리라고 했다. 우리는 각자 가능한 선에서 사자를 그렸다. 내가 그린 사자는 솔직히 말해서 그린 내가 봐도 전혀 사자 같지 않았다. 선생님이 점수를 주는 시간이 되었다. 나는 꼼짝 않고 자리에 앉아서 평가를 기다렸다.

'선생님' 은 언니에게로 다가갔다. 언니는 그림 솜씨가 있어 보였다.

"음, 괜찮은데……. 하지만 여기를 좀 더 잘 그렸어야 했어. 아쉽지만 95점!"

다음은 엄마의 그림이었다.

"음, 별로야. 70점밖에 안 되겠어."

마침내 내 차례가 되었다. 선생님은 그림을 오랫동안 쳐다보았다.

"음, 이 그림은 60점 이상 줄 수가 없어. 넌 우리 중에서 가장 그림을 못 그렸어."

점수를 받은 나는 몸이 움츠러들었고 '친구들' 은 킥킥거리면서 웃었다.

나는 '불쌍한 아이들, 이 아이들은 집에서도 학교에서도 우리들의 평가를 견디어 내고 있구나!' 하는 생각을 했다.

아이의 상상 속에 들어감으로써 우리는 아이를 더 잘 이해할 수 있을 뿐만 아니라 공포 등의 다른 감정적인 문제점을 고쳐줄 수도 있다. 미국의 심리학자인 빌 맥도널드가 이러한 경우의 예를 보여준다.

내 딸아이가 세 살 때였다. 나는 딸아이의 비명을 듣고 달려갔다. 방 안으로 들어서자 제시카가 침대 위에서 자기 방에 괴물이 나타났다고 소리를 쳤다. 괴물이 보이지 않는다고 말하자 제시카는 내가 방 안으로 들어오는 것을 본 괴물이 놀라서 침대 밑으로 숨었다고 했다. 나는 침대 밑에 엎드려서 괴물을 찾기 시작했지만 아무것도 보이지 않았다. 침대 밑에도 괴물이 없다고 하자 제시카는 이 괴물은 자기의 마음속에서 만들어졌기 때문에 다른 사람에게는 보이지 않는다고 했다. 나는 제시카의 눈을 바라보며 이렇게 말했다.

"제시카, 아빠 말을 들어보렴. 이 괴물을 네가 만들었잖아. 그럼 이 괴물을 네가 원하는 대로 바꿀 수도 있단다. 예를 들면 괴물을 아주 크게 만들 수도 있고 반대로 괴물을 아주 작게 만들 수도 있지. 너무 크면 아빠도 무서울 것 같구나."

제시카는 무슨 말인지 알겠다는 듯 고개를 끄덕였다. 제시카는 이제 괴물이 장난감 곰 만해졌다고 했다. 그러자 괴물이 마음에 드는 것 같았다. 그날 저녁 우리는 레스토랑에 가서 식사를 하기로 했다. 이미 괴물과 친해진 제시카는 괴물을 레스토랑에 데리고 갔다. 집으로 돌아오는 차 안에서 뒤에 앉은 제시카가 갑자기 엉엉 울기 시작했다.

"내 괴물을 레스토랑에 두고 왔어!"

그러자 이미 똑같은 경험을 했던 여섯 살짜리 오빠가 말했다.

"걱정 하지 마, 제시카. 내가 주머니에 넣어서 데리고 왔어."

5. '삶에 대한 동화', 경험담과 역사 이야기

유명한 동화들은 아이들의 상상의 세계를 잘 이해하는 특별한 능력을 가진 어른들이 만들어 놓은 이야기이다. 동화는 아이들의 상상을 다시 아이들에게 돌려줘서 아이들의 성장을 돕는다. 이 동화를 들려주는 역할을 예전에는 나이 든 할머니가 이야기로 들려주었고 지금은 부모들이 책을 읽어주는 것으로 대신한다. 그 모습이 어떻든 동화는 아이들에게 공기와 같이 반드시 필요한 것이다.

아이들은 동화와 함께 경험담 또는 역사 이야기를 듣는 것도 좋아한다. 이런 이야기가 흥미롭고 교훈적인 내용을 갖고 있기 때문이기도 하지만 무엇보다 아이들은 이런 이야기를 '삶에 대한 동화'라고 이해하기 때문이다. 러시아의 역사학자 세르게이 솔로비요프의 이야기를 들어보자.

> 어렸을 때 내가 가장 좋아했던 사람은 할머니와 유모였다. 특히 유모는 지금의 내가 있기까지 적지 않은 영향을 미쳤다. 지금도 어린 시절의 그 밤을 기억한다. 나는 커다란 탁자에 딸려 있는 유아용 의자에 앉아 있었다. 두 명의 누이와 양말을 짜고 있는 할머니 그리고 코에다 안경을 걸쳐 놓고 열심히 양말을 짜고 있는 유모가 함께 앉아 있었다. 유모는 인상 좋아

보이는 얼굴에 키가 작고 마른 편이었다.

유모는 솔로베츠키 사원과 키예프 여행을 여러 차례 했고 대러시아와 소러시아도 두루 돌아보았다고 했다. 유모가 해주는 여행에 대한 이야기를 듣는 시간은 내게는 꿀 같이 달콤한 시간이었다.

유모는 아주 먼 곳, 예를 들어서 어렸을 때 팔려간 아스트라한 지역에서 전해오는 많은 이야기들, 즉 볼가 강의 전설, 커다란 과수원의 비밀, 중앙아시아에 살고 있는 민족인 칼묵인들과 키르기즈인들의 유래, 납치된 러시아인들, 러시아인들의 유배 생활과 탈출 등을 아주 흥미롭게 전해 주었다. 이 모든 것이 나의 상상력을 자극했고 나중에는 '아이의 세계' 라는 경계를 넘어서 펼쳐졌다. 유모의 이야기는 나에게 나라와 민족, 그리고 역사와 문화에 대해서 더 많이 알고자 하는 열망을 불러일으켰다.

나는 유모를 떠올릴 때면 언제나 내가 역사학과 지질학에 관심을 가지고 태어났다면 유모가 들려주었던 재미있는 인물과 흥미로운 장소, 그리고 모험 등의 여행 이야기는 나의 타고난 능력을 발전시키는 밑거름이었다는 생각이 든다.

훌륭한 시인과 학자가 될 어린 아이들의 성격과 영혼에 '생명을 불어넣은' 것은 어쩌면 이렇게 글도 모르는 평범한 할머니들이 차분하게 들려준 이야기였을지도 모른다.

현대에는 대중매체와 영상기술의 발달로 어른들이 직접 들려주는 이야기, 즉 '일대일 대화'가 점점 사라지고 있다. 만화영화와 각종 어린이 프로그램이 부모님의 역할을 대신하고 있다. 하지만 온기와 정감이 있는 아이와의 일대일 대화는 그 어떤 발달된 매체나 기술력으로도 대체할 수 없다. 왜냐하면 이런 일대일 대화는 다양한 형식과 독특한 '장르'를 가지고 있기 때문이다. 가장 대표적인 것이 '이야기 만들기'이다. 닐의 이야기를 다시 인용해 보자.

> 나는 이 주일에 한 번, 일요일 저녁이 되면 아이들에게 자기들이 주인공으로 등장하는 모험이야기를 만들어주었다. 이 프로그램은 주로 일 년 계획으로 진행되었다.

닐의 이야기 속에서 아이들은 아프리카의 정글 속이나, 바다 속 깊은 곳, 혹은 하늘 높이 있는 구름 위로도 여행을 떠났다. 장소가 어디든 그곳에서도 학교생활을 비롯한 다양한 현실의 사건들이 그려졌다.

> 얼마 전에 나는 내가 죽은 후에 서머힐에 어떤 일이 있었는지에 대해서 이야기해 주었다.

나를 대신해서 서머힐을 맡은 사람은 마긴스였다. 그는 아주 엄격한 사람으로 아이들에게 반드시 수업을 들어야 하며 취침시간과 기상시간을 일방적으로 정하고는 지키지 않으면 벌을 주었다. 그리고 만약 누군가가 '제기랄!'이라고 하면 가차 없이 회초리로 때렸다. 나는 아이들이 어떤 식으로 새로운 선생님의 말을 잘 들었는지에 대해 짧게 이야기해 주었다.

세 살에서 여섯 살까지의 아이들은 분명하게 말했다.

"우리는 말을 잘 듣지 않았어요."

"우리는 모두 도망갔죠."

"우리는 망치로 선생님을 때려줬어요."

"우리가 그런 사람을 견디어낼 수 있다고 생각하는 거예요?"

나는 살아 돌아와서 마긴스 선생님을 쫓아버려야만 했다. 아이들을 조용하게 만들 수 있는 방법이 그것밖에 없었기 때문이다.

가상의 역사나 가상의 이야기는 아이들과 어른이 함께 만들게 되면 훨씬 더 흥미진진해진다. 우리는 이러한 예의 훌륭한 본보기를 마리나 츠베타예바의 자전적 단편 소설 「엄마의 이야기」에서 볼 수 있다. 지금 여섯 살의 마리나와 세 살 어린 여동생 아샤가 엄마와 함께 이야기를 만들고 있다.

“옛날에 엄마가 살았어. 이 엄마에게는 두 명의 딸이 있었지…….”

“마리나 하고 나야! 마리나는 피아노를 더 잘 치고, 먹는 것을 더 잘 먹었어. 하지만 아샤는, 음…… 아샤는 맹장 수술을 받았어. 그래서 죽을 뻔 했지.”

아샤가 엄마의 말을 끊고 자기의 이야기를 시작했다.

“그래.”

엄마는 자신의 이야기를 더 만들지 않고 아샤의 물음에 답해주었다. 아니, 어쩌면 엄마는 전혀 다르게 생각했을 지도 모른다.

“두 명의 딸, 큰딸과 작은딸…….”

“큰딸은 금방 늙었어. 그런데 작은딸은 젊고, 또 부자였어. 그리고 …… 장군한테 시집을 갔어. 아니 더 높은 귀족에게, 아니 사진사 피쉐라에게.”

아샤는 이미 흥분해 있었다.

“큰딸은 양로원을 운영하는 오시프에게 시집을 갔어. 오시프는 자기 동생 오이를 죽인 나쁜 사람이야. 그렇지 엄마?”

“그래.” 엄마가 말을 받았다.

"작은딸은 나중에 귀족, 그러니까 음…… 공작에게 또 시집을 갔어. 그리고 작은딸에게는 말이 네 마리 있었어. 큰딸은 그동안 나이가 들고 찢어지게 가난해졌어. 오시프는 양로원에서 큰딸을 쫓아버렸지. 막대기로 쫓아버렸어."

"어느 날 강도가 선택을 하라고 했지. 그러자 그녀는 둘을 한꺼번에 안고……."

"엄마! 왜 여기서 갑자기 강도가 나오는 거야? 이 강도가 도대체 누구야?"

아샤가 물었다.

"난 알아! 이 강도는 딸이 둘이 있는 부인, 즉 엄마의 적이야. 이 강도가 바로 아이들의 아빠를 죽였지……."

내가 재빨리 끼어들었다.

"엄마! 언니가 엄마의 이야기를 망쳐버리고 있어!"

"왜냐하면 그 강도가 엄마를 사랑했기 때문이야. 강도는 차라리 공동묘지에서 엄마를 보는 것이 더……."

나는 진정하지 못하고 이야기를 계속했다.

"그게 무슨 말이냐? 너 어떻게 그런 생각을 한 거야?"

엄마가 말했다.

"푸쉬킨 작품에서요. 서사시 『집시』에 나와 있어요."

"내 생각에 그 내용은 내가 네게 읽으면 안 된다고 했던 『전

령』에 나온 내용 같은데……."

"엄마는 누구를 더 사랑했어요?"

아샤는 참지 못하고 물었다.

"한 명은 자주 아프고 잘 먹지도 못했어. 커틀릿도 잘 먹지 않고, 콩도 싫어했어. 대구는 보기만 해도 구역질을 해댔어. 하지만 몸이 약해서 자주 아픈 작은딸을 위해서 엄마는 항상 작은딸 앞에 무릎을 꿇고 앉아서 말했지. '얘야, 제발 조금만 더 먹어라, 아가, 제발! 한 숟가락만 더 먹어.' 그러니까 엄마는 작은딸을 더 사랑하는 거지."

"아마도…… 그러니까 더 사랑했지. 너무 병약하고 잘 먹지 않아서 걱정스러웠기 때문이지."

엄마가 솔직하게 말했다.

"엄마, 맹장염이 있었다는 것을 잊지 말아야지!"

아샤가 흥분된 목소리로 말했다.

"몇 년이 지난 후에 동굴에서 사는 은둔자에 대한 소문이 나기 시작했어. 그리고……."

"엄마, 그 사람이 바로 강도야! 항상 그렇거든. 물론 그 사람은 천사 다음으로 세상에서 가장 착한 사람이 되었어. 너무 불쌍해."

"누가 불쌍하다는 거지?"

엄마가 물었다.

"강도 말이야! 그 강도는 실컷 두들겨 맞은 강아지처럼 아무 할 일 없이 거닐고 있고, 엄마는 물론…… 만약 나였다면 그를 정말 사랑했을 거야. 그래서 집에서 같이 살자고 하고 그리고 바로 결혼을 했을 거야."

단편소설 전체의 예술적이고 심미적인 아름다움을 전달해 주는 이 짧은 내용에서 우리는 여자 아이가 '진심으로' 마음 아파하는 것을 볼 수 있다. 물론 이 부분에는 어머니의 사랑을 확인 받기 위한 어린 두 자매의 질투와 경쟁이 있다. '버릇없는' 작은딸은 자기에게 유리한 상황을 만들고자 언니에 대해서 '도덕적인 폄하'를 포함한 모든 방법을 사용한다. 큰딸은 이런 상황에 맞서 싸울 준비가 되어 있다. 하지만 다른 한편에서는 불쌍한 강도를 보살필 준비 역시 되어 있다. 즉, 자신을 희생할 준비가 되어 있는 것이다. 소설이 아니라면 본격적으로 다루기 어려운 소녀들의 내면세계를 아주 잘 보여준다. 모든 아이들은 이와 똑같다.

'이야기 만들기'와 아주 비슷한 방법으로는 '산파법'이라는 것이 있다. 우리는 이미 앞에서 파인만의 아버지를 통해 산파법의 기본적인 원리를 살펴보았다. 산파법은 문답을 주고받는 가운데 상대의 막연하고 불확실한 지식을 스스로의 힘으로 참되고 바른 개념으로 이끌어 내도록 하는 방법을 말하는데 파인만의 아버지는 파인만과 산책을 할 때 바로 이 산파법을 사용하고 있었다. 부모님들이 아이들과 이 방식으로 대화를 나누는 것만으로도 엄청난 교육효과를 거둘 수 있을 것이다. 이와 비슷한 대화는 질문, 수수께끼, 유머, 웃음 등으로 가득 차 있다. 즈본킨의 책에 나오는 대화의 예를 한 번 보자.

> 우리는 여름휴가를 위해 모스크바 근교의 별장을 빌렸다. 아들의 친구와 아들은 함께 동물원에 갔을 때 본 원숭이들에 대해 이야기를 하고 있었다. 나는 그들의 대화에 끼어 들어서 사실은 아이들에게 원숭이들을 보여준 것이 아니라 원숭이들에게 아이들을 보여준 것이라고 이야기했다. 내 주장에 대해서 아이들은 무척 당황해 했다. 하지만 곧바로 내 의견에 대해서 반대 의견을 말했다.
>
> "우리가 원숭이들을 봤잖아요."
>
> "한 번 생각해 봐, 누가 누굴 봤다는 거냐? 너희가 원숭이를 본 것처럼 원숭이들도 너희들을 봤잖아. 안 그래?"
>
> 아이들의 생각이 틀렸다고 말하는 것은 아주 쉬웠다.
>
> "우리는 원하는 곳을 마음대로 갈 수 있잖아요. 하지만 원숭이들은 그렇지 못해요. 원숭이들은 철창 안에 앉아 있잖아요. 그러니까 우리가 본 게 맞죠."

아이들은 조금 더 진지하게 자기의 의견을 정리했지만 나는 그것에 대해서도 반론을 폈다.

"아니, 너희들도 원하는 곳을 마음대로 갈 수는 없어. 예를 들어서 원숭이들이 철창 밖으로 나오지 못하는 것처럼 너희들도 철창 안으로 들어갈 수 없잖아. 그러니까 쉽게 말하자면 너희들과 원숭이들 사이에는 철창이 있어서 한쪽 편에서는 원숭이들이 자기가 원하는 곳으로 다니고, 그 반대편에서는 너희가 너희들이 원하는 곳으로 다니는 것일 뿐이란 말이야."

우리는 이렇게 얼마 동안 즐겁고 진지하게 논쟁을 즐겼다.

6. 함께 하는 게임과 수수께끼

아이들의 성장을 위해서 그리고 아이들과 소통하기 위해서 부모는 어떤 일을 함께 할 수 있을까? 예를 들어서 한 곳에 앉아서 하는 게임인 바둑이나 장기, 체스, 그리고 다양한 보드게임 등을 들 수 있다. 게임은 여러 방면에서 아주 유익하다. 이 게임들은 재미있고 부모와 아이를 서로 가깝게 만들어주며 아이들의 지적 성장에도 도움이 된다. 게다가 이러한 게임을 통해서 몇 가지의 심리학적인 문제들을 해결할 수도 있다.

먼저 게임이 어떻게 아이들의 지적 능력 향상에 도움이 되는지를 알아보자. 다음에 나오는 예들을 통해 우리는 그 과정을 쉽게 확인할 수 있다.

> 여기 아주 평범한 주사위 놀이 게임이 있다. 주사위를 던져서 나오는 숫자만큼 움직이면 되는 아주 간단한 게임이다. 나온 숫자만큼 움직이다보면 사다리를 타고 올라가기도 하고 미끄럼틀을 타고 내려오기도 하며 한 번씩 쉬어가기도 하는 게임이다.
>
> 아이는 다섯 살이다. 아이는 지금 몹시 지루해하고 있다. 자신의 말이 너무 늦게 움직이고 있다고 생각하기 때문이다. 아

이가 처음에 이 게임을 할 때는 너무 재미있어 했다. 아이는 게임을 하면서 숫자의 순서와 양의 개념을 익혔다. '2'가 무엇인지 '3'이 무엇인지 그리고 여섯 칸을 움직인다는 것이 어떤 의미인지를 알아가는 것에 대해 너무 재미있어 했다. 하지만 이제는 아니다. 모든 것이 너무 느리고 새로운 것은 아무것도 없다.

그러자 아이는 주사위 하나를 더 던지자고 했다. 속도가 빨라지고, 숫자가 12까지 늘어나자 아이는 훨씬 재미있어 했다. 더 중요한 것은 아이가 두 개의 주사위에 나온 점수를 합치는 일을 해야 한다는 사실이다. 아이는 '덧셈'을 이해하기 시작했다. 그리고 얼마 지나지 않아서 아이는 주사위 세 개를 던지자고 했다. 이런 식으로 아이는 자기도 모르는 사이에 두 자릿수의 덧셈을 할 수 있게 되었다.

이 과정에서 가장 중요한 것은 아이를 재촉하지 않는 것이다. 이러한 아이디어뿐만 아니라 계산을 하는 과정도 마찬가지이다. 아이가 혼자서 생각하는 것보다 중요한 것은 아무것도 없기 때문이다.

이번에는 카드를 가지고 하는 게임을 예로 들어보자. 카드를 가지고 노는 게임에 선입견이나 편견을 가질 필요는 없다. 게임은 게임일 뿐이며 잠재력을 키워주는 훌륭한 카드놀이도 얼마든지 있기 때문이다.

이것 역시 한 가족의 경험에서 나온 것이다. 아빠, 엄마 그리고 열 세 살짜리 아들이 '왕 게임'를 하고 있었다. 게임은 계산에 많은 집중을 해야만 한다. 이 게임은 여러 판으로 구성되어 있는데 각각의 판이 끝나게 되면 점수를 받는다. 이 점수를 계속적으로 종이에 기입하면서 게임은 오랫동안 지속된다.

모든 게임이 끝나면 각자의 점수가 어떻게 변화되었는지를 볼 수 있다. 그리고 변화를 나타내는 표를 가지고는 아주 흥미로운 분석이 가능하다. 엄마의 경우는 가파르게 오르고 내리기를 반복했다. 이는 모험을 즐기는 경기자의 전형적인 모습이라는 분석이 나왔다. 결과적으로 엄마는 꼴찌를 했다. 아빠는 굴곡이 심하지 않았지만 몇 군데에서는 점수가 아주 낮았다. 굴곡이 심하지 않다는 것은 조심스러운 경기자의 전형적인 모습인데 몇 군데의 점수가 아주 낮다는 것은 주의를 게을리 했기 때문이라는 분석이 나왔다. 결과는 2등이었다. 아들은 아주 조심스럽게 게임을 운영하고 계속해서 게임에 집중했기 때문에 점수를 잃을 때는 조금만 잃었고 얻을 때는 많이 얻었다. 표의 변화가 크지 않았고 결과는 1등이었다.

게임이 끝난 후에 표를 가지고 각자의 성격을 알 수 있다고 하면서 세 명은 즐겁게 이야기를 나누었다. 아들은 학교에서 표를 배우고 있었고, 표의 중요성에 대해서 알게 된 것이다.

러시아의 수학자인 블라디미르 아놀드는 자신의 어린 시절의 특별한 이야기를 다음과 같이 들려주었다.

나는 수학적인 재능이 전혀 없었지만 수학자가 되었다. 1학년 때 담임선생님이었던 안나 표도로브나는 어머니에게 내가 구구단을 외우지 못하기 때문에 2학년에 올라가서도 걱정이라고 했다.

"내가 4 곱하기 7이 몇이냐고 물어보면 이 아이는 머릿속으로 4를 일곱 번 더하고 있어요. 곱하기가 뭔지를 모르고 있다는 거죠." 선생님이 어머니에게 설명했다.

그날 밤 할머니는 내가 평생토록 기억하게 되는 구구단을 가르쳐 주었다. 할머니는 카드 한 벌을 꺼냈다. 카드의 한 쪽에는 문제, 예를 들어서 7×8이, 다른 쪽에는 답56이 쓰여 있었다. 게임은 문제를 읽고 답을 말하는 방식으로 이루어졌다. 답을 맞히면 그 카드를 한 쪽으로 치웠다. 하지만 답을 틀리게 말하면 그 카드를 다시 맨 밑으로 집어 넣었다. 그리고 다음 카드를 읽었다. 답을 맞히지 못한 카드의 양은 금방 적어졌다. 한두 시간이 지난 후에 맞히지 못한 카드는 서너 장에 불과했다. 구구단을 자동적으로 외우게 되었다. 게임은 벌을 주는 것보다도 훨씬 효과적인 방법이었다.

아이들은 노는 것만 좋아하고 공부를 위해 머리 쓰는 것을 싫어한다는 어른들의 일반적인 생각과 달리 아이들은 생각을 하면서 문제를 푸는 것을 좋아한다. 특히 이러한 문제들이 아이의 지적 성장과 무한한 가능성을 일깨우는 것이라면 더욱 관심 있어 한다. E. 코즐로바의 책 『이야기와 수수께끼』에는 많은 종류의 문제와 수수께끼가 있다.

그 속에는 미취학 아동들은 아주 쉽게 풀 수 있는 단순한 문제이지만 어른들의 입장에서는 결코 단순하게 느껴지지 않는 문제들도 있다. 이 경우에 아이들은 문제를 푸는 부모의 실수 등을 기분 좋게 관찰한다. 뒤바뀐 역할 때문에 아이들이 깔깔거리며 즐거워하는 것이다. 이 과정은 아이들에게 비슷한 형식의 다른 문제를 찾아내려고 하는 모티브를 제공한다. 두 개의 예를 들어보자.

첫 번째 문제는 이렇다.

> 만약 한 개의 벽돌의 무게가 1킬로그램 더하기 반 개의 벽돌의 무게라고 한다면 그 무게가 얼마일까? 바로 1.5킬로그램이라고 이야기하지 말라. 이것은 아주 흔하게 나오는 틀린 답이다.

두 번째 문제는 '마술'이다. 이것은 다른 사람들 이를테면 엄마, 아빠, 할머니 또는 같은 반 친구들에게 보여주라고 당신이 아이에게 가르쳐줄 수 있는 것이다.

1에서 10까지의 숫자 중 하나를 고르시오. 그 숫자를 7로 곱하시오. 나온 답에서 맨 처음 생각한 숫자를 빼시오. 다시 6으로 나누세요. 그렇게 해서 나온 숫자에서 맨 처음 생각한 숫자를 빼시오. 그렇게 해서 나온 숫자에 다시 5를 더하시오. 그리고 그 숫자에 다시 4를 곱하시오. 그렇게 하면 나온 답은 20입니다.

독자 여러분은 아무 수나 생각한 뒤에 위의 단계를 밟으면 왜 그 답이 나오는지 금방 알 수 있을 것이다. 만약 바로 알지 못했다면 2~3번 반복해보면 된다. 그러면 어떤 원리인지 이해할 수 있을 것이다. 그리고 아이와 함께 어떻게 이런 답이 나오는지 알아본다. 그리고 그 원리를 가지고 다른 숫자들을 맞혀본다.

이런 식으로 아이들의 지적 발달에 도움을 주는 게임은 무수히 많다. 놀이로는 숨바꼭질, 팔씨름이 있으며, 낚시, 연날리기, 인형 옷 만들기, 그리고 깜짝 선물 만들기 등이 있다.

우리는 게임이 지적 성장은 물론이고 심리적인인 문제를 해결할 수도 있다고 했다. 이제 게임이 어떻게 아이들의 심리적인 문제를 해결할 수 있는지 살펴보자.

이 문제와 관련해서 부모들이 해결해야 하는 중요한 과제 중의 하나는 아이에게 게임에 지는 법을 가르치는 것이다. 몇몇 아이들은 자신이 진다는 것을 참지 못한다. 그래서 떼를 쓰고 울고불고 난리를 치기도 한다. 심지어는 더이상 게임을 하지 않겠다고 협박 아닌 협박을 하기도 한다. 그런 경우에 아이를 불쌍하게 여겨서 일부러 져주는 것은 아주 잘못된 방식이다. 게임이라는 것은 경쟁하고 협동하는 인생의 한 부분이므로 질 수도 있는 것이다. 당신이 아이와 함께 게임을 하는 것은 아이에게 이런 것들을 가르치고 대비할 수 있도록 하는 것이다. 게임을 통해서 아이는 모든 일을 언제나 성공할 수는 없다는 것과 성공하기 위해서는 생각하고 행동하고 철저한 사전 준비가 필요하다는 것, 그리고 게임에서 지는 것이 '인생의 끝'이 아니라는 중요한 사실들을 알게 된다.

게임을 통한 이러한 감정 수업은 우리들 손에 달려 있다. 특별히 감수성이 풍부한 아이들에게는 미리 예상할 수 있는 결과, 즉 게임에 참가한 사람이라면 누구나 한 번씩 이기기도 하고 지기도 한다는 것을 알려주는 것이 좋다. 이런 준비를 통해서 아이들은 자신의 흥분된 감정을 다른 사람과 나눌 수 있고 다른 사람의 불행을 나누어 갖게 된다. 물론 이긴다면 기뻐해야 한다. 그것은 당연한 것이다. 하지만 다른 사람들을 생각한다면 기뻐하는 감정을 절제할 줄도 알아야 한다. 그리고 어떤 경우에 사람들이 기분 나쁜 감정을 가지게 되는지, 그렇게 되었을 때 어떻게 그것을 극복해내는지 등에 대해 이야기를 하면 좋다. 실패를 했을 경우에도 긍정적으로 생각을 해서 어떤 것에 도움이 되는지 알아보는 것도 좋다.

7. 우선순위는 아이들을 위한 시간

부모들은 일정한 시간을 아이에게 무조건 할애해야 한다. 그리고 이 시간 동안 부모들은 아이의 세계에서 함께 살아야 한다. 즉, 함께 놀아주고 함께 수다를 떨고, 함께 상상을 하고, 함께 농담을 하며, 함께 웃어야 한다. 너무 바쁘기 때문에 그럴 수 없다는 것은 전혀 설득력이 없다. 조금 과장해서 이야기하면 바쁘기 때문에 그럴 수 없다는 부모는 자신의 아이들과 함께 보내는 시간보다도 다른 것들을 우선적으로 생각하는 부모이다. 만약 성공한 사람이라면 마찬가지로 자신과 자신의 아이를 위한 운명을 결정하는 문제도 성공적으로 해결할 수 있을 것이다. 아이와 어떻게 시간을 보낼까? 어떻게 아이의 재능을 키워줄 것인가? 하는 문제는 항상 생각해야 하는 것이다.

한 재능 있는 부모의 예를 들어보고 싶다. 그의 직업적인 성공에 이의를 달 사람은 아무도 없을 것이다, 그리고 그 엄청난 양의 일에 대해서도. 이 경우를 우리는 리디야 추코프스카야가 자신의 아버지인 러시아 작가 코르네이 추코프스키를 회상하는 장면에서 볼 수 있다. 리디야 추코프스카야의 기억에 따르면 장시간의 작업을 마친 코르네이 추코프스키가 항상 제일 먼저 했던 일은 애타게 아버지를 기다리는 아이들의 곁으로 가는 것이었다고 한다.

우리는 항상 아버지와 함께하는 재미있는 시간을 기다렸다. 아버지와 함께라면 항상 좋았다.

아버지는 다방구, 달리기, 눈싸움 등 단순한 놀이를 함께 했다. 서로를 밀치고 바닥을 구르면서 소리를 지르기도 했는데 아무것도 아닌 일로 깔깔거리며 함께 웃었다.

아버지는 우리에게 체스, 오목, 크로스워드, 역할극, 모래성 쌓기 등을 가르쳐 주었다. 그리고 '누가 더 높이 뛰나, 누가 더 멀리 뛰나, 누가 공을 잘 숨기나, 누가 잘 숨나' 에서부터 시작해서 '나무토막 쓰러뜨리기, 외발로 문까지 갔다가 빨리 오기' 까지 아버지는 점점 놀이를 늘려갔다.

아버지 추코프스키는 아이들의 도덕 교육에 성의를 다했다. 그는 누구든 '게으름뱅이' 처럼 행동하는 것을 참지 못했다. 그는 빈둥거리거나 대충 일을 하는 것을 좋아하지 않았다. 그는 아이들에게 열심히 일하는 것을 가르쳤다. 그러나 평상시에는 아버지로서 늘 아이들과 함께 생활했다.

아버지는 우리에게 책상을 치우는 것이 재미있는 놀이임을 가르쳐 주었다. 우리가 얼마나 기뻐하며 책상 치우는 놀이를 했는지 모른다. 발이 두 개가 있는 압정뽑게로 압정을 빼고 녹

색 종이를 치우고 다시 새로운 녹색 종이를 깔고 압정을 다시 꽂고 하는 것이 다 재미있는 놀이였다. 아버지가 몰래 감추어 둔 특별한 걸레로 책상 서랍을 청소했다. 그리고 우리는 아버지의 명령에 따라서 강가로 달려가서 특별한 비밀이 있는 비누로 걸레를 빨았다.

어렸을 때부터 영어공부를 하였던 코르네이 추코프스키는 자신의 아이들에게 직접 영어를 가르쳤다. 그는 수업도 재미있는 놀이로 바꾸어 주었다.

"성홍열을 앓고 있는 유명한 대머리 여행가의 비쩍 마른 가정부는 자신의 곱슬머리 조카에게 주려고 했던 구운 달걀을 먹었다. 오랫동안 기다린 손님은 밤색 경주마에 올라 탄 후 갈고리를 휘두르며 말을 달리게 해서 마구간으로 쏜살같이 달려갔다……."

이렇게 쓴 글을 내게 주었다. 나는 이것을 다음날까지 영어로 번역해야만 했다. 어이없게도 아버지는 이것을 나를 위해 썼다. 오빠 콜랴를 위해서 쓴 다른 것도 마찬가지로 말도 안 되는 우스꽝스러운 이야기이다. 아버지는 전날 우리에게 외우라고 말한 영어 단어를 가지고 이 웃긴 글을 쓴 것이다.

내가 여섯 살인지 일곱 살인지 할 때였다. 오빠는 아홉 살 또는 열 살이었다. 우리는 이렇게 말도 안 되는 이야기를 즐거워하면서 번역했다.

"갈고리를 휘두르며 말을 달리게 했다고!"

기쁨에 가득한 함성과 깔깔거리는 웃음소리!

"노처녀가 아교를 배부르게 먹은 뒤 저수지에 빠졌다."

아교를 배부르게 먹었다고! 너무나 재미있었다. 우리는 아무 생각 없이 앞 다투어 웃었다. 이러한 말도 안 되는 이야기들과 난센스 후에 우리는 아버지가 미리 준비해둔 디킨즈의 책을 펼쳤다. 그리고 나는 아버지의 도움 없이 올리버 트위스트에게 무슨 일이 생기는지 알게 되었다. 단순하게 책을 읽기 위해서 단어를 수도 없이 되뇌면서 외울 필요가 없었다.

여기에서 우리가 살펴본 모든 것에 대한 결론은 아주 간단하다.

"아이들과의 즐겁고 기쁜 대화는 '주입식' 교육보다도 훨씬 효과적이다."

실수를 바로잡는 것이 능사는 아니다

교육이라는 뜻을 가진 영어 단어 education은 라틴어에서 '기르다. 양육하다.(bring up, rear)'를 의미하는 'educare'에서 왔다. 이 'educare'라는 단어는 바깥으로(out of)를 의미하는 접두어 'e'와 이끌어내다(lead, draw)를 의미하는 동사 'ducare'가 연결된 것이다. 즉 자신의 능력을 바깥으로 이끌어내는 것이라는 의미를 지니고 있다. 이렇게 보면 교육은 지금 당장 사용할 수 있는 실용적인 지식을 외부에서 빌려오는 것이 아니라 스스로 문제를 해결할 수 있는 능력과 힘을 기르는 과정이라고 할 수 있을 것이다.

아이들에게는 부모, 또는 다른 사람들의 말을 읽고 들어서 자신의 것으로 만드는 것도 필요하지만, 오직 자신이 가진 능력으로 생각하고 이를 통해 자기만의 것을 만들어내는 '창조'의 과정도 반드시 필요하다. 애정 어린 조언이나 충고, 지적을 통한 잘못의 수정은 아주 짧은 시간에 문제를 해결하는 방법이지만, 스스로의 힘이 아니라 타인의 조력으로 문제를 해결하는 것이다. 이와 달리 아이들이 스스로의 힘으로 해결하도록 하는 교육은 당면한 문제를 해결하는 데 오랜 시간이 필요하겠지만 이를 통해 아이들은 가치 있는 것을 배우게 된다. 그리고 부모님들의 애정표현일 수도 있는 조언이나 충고, 지적의 방식은 눈앞의 문제를 해결하는 것에 초점을 두는 것이지만 스스로 문제를 해결하도록 지켜보고 응원하는 방식의 교육은 앞으로 당면할 문제를 합리적으로 해결하는 능력을 기르는 것에 초점을 두는 것이다. 이번 Chapter의 핵심은 간단하다. 실수를 충분히 경험하게 하고 아이에게 자기만의 시간을 배려하라는 것이다. 부모의 지나친 애정과 관심, 그리고 조급함은 창의력 '그 자체'인 아이들을 '평범'하게 만든다. 아이가 스스로 성장하는 기회를 부모가 빼앗는 셈이다.

에필로그

늦었다고 생각할 때가 가장 빠른 때이다

자녀를 둔 부모님들과 만났을 때 가장 많이 듣는 질문이 있다. 아마도 가장 궁금해 하는 문제일 것이다. "지금까지 아이의 교육에 제대로 신경을 쓰지 못했고, 또 이미 많은 실수와 잘못을 저질렀다고 하더라도 아이를 올바른 길로 이끌 수 있을까요?"라는 질문이다. 나의 대답은 언제나 '그렇다.'는 것이다. 언제 시작해도 늦지 않다. 아니 어쩌면 늦었다고 생각할 때가 가장 빠른 때일 것이다. 이에 대한 좋은 사례는 너무나 많다. 여기에서는 심리학자인 레프 비고츠키의 사례를 살펴보겠다. 비고츠키는 뛰어난 교육심리학자로서 아이들의 마음속을 꿰뚫어 보는 아주 특별한 재능을 지니고 있었다. 비고츠키가 자신의 아이들과 나눈 소중한 대화 장면은 딸인 기타 비고츠키의 회고록에 남아 있다. 우리는 순간순간 번뜩이는 그의 재능을 발견할 수 있을 것이다.

> 아버지 비고츠키는 나와 아샤, 이렇게 두 명의 딸을 두었다. 아버지와 어머니가 맞벌이를 했기 때문에 육아도우미 아주머니께서 우리를 맡아서 키웠다. 동생 아샤에 대한 아주머니의 사랑은 특별했다. 아샤는 사랑스럽고 귀여운 아이였지만, 다른

한편으로 아샤는 변덕스러운 응석받이였다. 아주머니는 아샤의 변덕을 언제나 받아주었다. 한번은 아샤가 산책하다가 집에 들어가기 싫다고 떼를 쓰면서 울었다. 아버지가 우연히 이 장면을 보게 되었다. 아버지는 그 일에 대해서 아무 말도 하지 않았다. 하지만 다음날 아샤가 똑같은 행동을 반복했을 때, 아버지는 육아도우미 아주머니에게 나를 데리고 먼저 집으로 들어가라고 했다. 그런 다음 아버지는 고집을 부리며 발버둥치는 아샤를 안고 아파트 현관까지 와서는 현관의 바닥에 아샤를 내려놓았다. 아파트 현관 바닥에서 앉아서 악을 쓰며 우는 아샤를 두고 아버지는 집 안으로 들어온 다음 현관문을 닫았다. 처음에는 아파트 현관에서 아주 큰 울음소리가 들렸지만 시간이 지나면서 울음소리는 잦아들었다. 아무도 관심을 보이지 않았기 때문이다. 아샤가 울음을 그치고 완전히 평온해졌을 때, 아버지는 문을 열고 아파트 현관으로 나갔다. 그리고 평온해진 아샤를 부축해서 집 안으로 데리고 들어왔다. 아버지는 아샤에게 단 한마디의 말도 하지 않았다. 아버지는 눈물로 얼룩진 아샤의 얼굴을 씻겨준 다음, 먹을 것을 주려고 기다리는 아주머니에게 아샤를 보냈다. 그 후에도 아샤는 산책을 나갈 때마다 떼를 썼다. 그럴 때마다 아버지는 계속해서 똑같은 행동을 반복했다. 결과도 동일했다. 그 과정에서 두세 번 정도 이웃 아주머니가 울고 있는 아샤를 집에 데려다 준 것을 제외하면 말이다.

마침내 아버지의 행동은 성공을 거두었다. 어느 순간부터 아샤는 산책을 마친 후에 떼를 쓰지 않고 집으로 들어오게 되었기 때문이다. 아버지는 집 안에서도 그런 행동을 반복했다. 아샤가 바닥에서 소리를 지르고 발버둥을 치면서 성질을 부리면 아버지는 주위에 있는 사람들 모두를 방에서 나가게 했다. 아샤와 단 둘이 남겨진 아버지는 아샤에게 아무런 관심을 주지 않고 평온하게 자신의 일을 처리해 나갔다. 아샤가 울음을 그치면 아버지는 전처럼 아무 말 없이 아샤를 바닥에서 일으킨 다음에 얼굴을 씻겨 주었다. 그 과정에서 아버지는 단 한 번도 아샤에게 화를 내거나 호통을 치지 않았다. 돌이켜보면 아버지의 모든 행동은 우리를 배려한 것이라는 생각이 든다. 흥분해 있는 상태의 아이에게는 아무 말도 들리지 않았을 것이고, 본인의 잘못을 인정하려고 들지도 않았을 것이기 때문이다. 아버지의 방법은 완벽하게 옳았다. 가족들 모두가 아샤의 변화를 느낄 수 있었기 때문이다.

기타 비고츠키의 회고록에는 이와 비슷한 이야기가 하나 더 있다.

육아도우미 아주머니는 내가 학교에 다니기 시작하면서 아침마다 나를 학교에까지 데려다 주었다. 학교에 가려면 차들이 엄청난 속도로 달리는 큰 도로를 건너가야 했기 때문이다. 하지만 아샤는 언니에게 아주머니를 빼앗길지도 모른다는 두려움 때문이었는지 아주머니에게서 한시도 떨어지려고 하지 않았다. 아주머니는 하는 수 없이 아침마다 아샤가 눈치 채지 못하게 몰래 집 밖으로 나와야 했다. 그래서 아파트 현관에다 외투를 미리 가져다 두었다. 편안한 옷차림으로 아샤를 안심시킨 다음에 아파트 현관에서 외투를 껴입는 방식으로 나를 학교까지 데려다주었다. 그런데 한번은 아주머니와 내가 함께 나가는 것을 본 아샤가 울기 시작했다. 아샤는 울면서 나를 향해 손과 발을 마구 휘두르기까지 했다. 그것만으로는 화를 삭일 수 없었는지 아샤가 내 침대 위에 있던 수건을 물에 적셔서는 현관의 바닥을 문지르기 시작했다. 수건에 지저분한 얼룩이 생겼다. 아주머니와 나는 아무 말도 못하고서 아샤의 '심술'을 지켜만 보고 있었다. 그 상황을 지켜 본 아버지가 아샤에게 다가가서 바닥에 있는 수건을 집으라고 했다. 그리고 아샤의 손에 쥐어진 수건을 가리키면서 "오늘부터 아샤 너는 이 수건만 써야 한다."라고 차분하지만 단호한 목소리로 말했다. 수건을 세탁하고 정리할 때마다 아샤는 지저분한 얼룩이 있는 수건을 따로

챙겼고 정말로 그 수건을 계속해서 사용했다. 아버지가 돌아가신 후에도 그 상황은 바뀌지 않았다. 우리 가족 모두가 아버지의 말씀에서 언제나 거부할 수 없는 힘 같은 것을 느끼고 있었기 때문일 것이다."

기타 비고츠키의 기록을 통해 우리는 몇 가지 중요한 정보와 교훈을 얻을 수 있다.

첫째, 우리는 아샤가 왜 변덕스러운 아이가 되었는지를 알 수 있다. 바로 '착한' 육아도우미 아주머니 때문이다. 아주머니는 아이를 무조건적인 사랑으로 대했고, 그래서 아이는 응석받이가 되었다. 아이는 떼를 쓰기만 하면 자기가 원하는 것은 무엇이든 얻을 수 있었다. 자신이 해도 되는 행동과 해서는 안 되는 행동을 제대로 배우지 못했던 것이다.

둘째, 우리는 아이 아버지의 행동에서 지혜로움과 현명함을 찾을 수 있다. 어떤 행동에서였을까? 아이 아버지는 아이의 행동을 그냥 아무 말 없이 지켜보기만 했다. 그리고 조용하고 평온하게 행동했다. 게다가 아이가 울음을 그치면 다정하게 아이가 일어나는 것을 도와주고 세수를 시켜 주었다. 무엇보다 아이가 자신의 행동에 대해 스스로 생각해 볼 수 있는 기회를 마련해주었다.

그리고 마지막으로, "아버지가 돌아가신 후에도 그 상황은 바뀌지 않았다. 우리 가족 모두가 아버지의 말씀에서 언제나 거부할 수 없는 힘 같은 것을 느끼고 있었기 때문일 것이다."라는 인상적인 표현을 통해 기타 비고츠키의 아버지에 대한 존경과 사랑, 그리고 아버지로서 비고츠키가 가진 확실한 권위도 확인할 수 있다.

우리는 '비고츠키식 교육'의 결과를 그의 딸 기타 비고츠키의 회고록에 적힌 기록을 통해 확인할 수 있다. 그녀는 그로부터 반세기가 지난 후에 다음과 같은 기록을 남겼다.

> 나의 사랑하는 동생 아샤에 대해서 몇 마디 쓰고 싶다. 슬프게도 아샤는 1985년에 이미 세상을 떠났다. 아샤는 어렸을 때 변덕스러운 응석받이여서 고집을 부리며 심하게 울었다. 아버지는 무관심한 척 행동했지만, 아샤의 교육에 누구보다 적극적으로 관여했다(물론 그것은 나에게도 마찬가지였다). 아버지의 관심과 애정 때문인지 아샤의 성격은 조금씩 바뀌어갔다.
>
> 초등학교에 입학하기 전에 아샤는 이미 사교성이 아주 뛰어난 아이가 되어 있었다. 어른들에게는 싹싹하고 상냥했으며, 또래의 친구들과도 잘 지냈는데 그들 중 여러 명의 친구들과는 평생 동안 연락을 주고받으며 가까운 사이로 지냈다. 나는 사람들과 친밀하게 잘 지내는 것이 아샤의 소중한 재능 중의 하나라고 생각했다. 아샤는 친구들을 항상 친절하게 대했고 신

중하게 행동했다. 친구들도 아샤를 똑같이 대해주었다. 아샤는 아름답고 훌륭하게 성장했으며 어떤 상황에서도 침착하고 지혜롭게 행동했다. 자신의 이름과 아버지의 이름을 부끄럽게 만든 적이 단 한 번도 없었다.

우리는 엄청난 변화, 즉 걸핏하면 짜증을 내고 변덕스럽게 행동하면서 항상 자기밖에 모르던 응석받이가 침착하고 친절하며 동시에 주위에 있는 친구들을 굉장히 소중하게 여기는 사람으로 변모하는 '기적'을 목격할 수 있었다.

이 시점에서 우리는 다음 질문을 떠올릴 시점이 되었다. '아이는 분명히 바뀔 수 있다. 그렇다면 부모도 변할 수 있을까?' 어쩌면 이 질문은 이미 오래 전부터 시작되고 있었던 것일지도 모른다. 모든 대화 이론의 출발은 바로 자기 자신에게서부터 시작하기 때문이다.

내 아이는 훌륭하다

초판 1쇄 | 2021년 5월 5일
지은이 | 율리야 기펜레이테르
평역 | 신창호, 임나탈리야
편집 | 박일구
디자인 | 위디프북스
펴낸곳 | 도서출판 써네스트
펴낸이 | 강완구
출판등록 | 2005년 7월 13일 제 2017-000293호

주소 | 서울시 마포구 망원로 94 2층 203호
전화 | 02-332-9384 팩스 | 0303-0006-9384
이메일 | sunestbooks@yahoo.co.kr
홈페이지 | www.sunest.co.kr

ISBN | 979-11-90631-22-8(03370) 값 12,000원